ISO/IEC 27001:2013
(JIS Q 27001:2014)

情報セキュリティマネジメントシステム
要求事項の解説
Information Security Management System

中尾康二　編著
山﨑　哲・山下　真　著
日本情報経済社会推進協会

日本規格協会

執筆者名簿

編集・執筆	中尾　康二	KDDI 株式会社／独立行政法人情報通信研究機構	
執　　筆	山﨑　　哲	工学院大学	
	山下　　真	富士通株式会社	
		一般財団法人日本情報経済社会推進協会（JIPDEC）情報マネジメント推進センター	

(順不同，敬称略，所属は発刊時)

著作権について

本書に収録したJISは，著作権により保護されています．本書の一部又は全部について，当会の許可なく複写・複製することを禁じます．
本書の著作権に関するお問い合わせは，当会 営業サービスユニット
(Tel：03-4231-8550) にて承ります．

まえがき

　近年，情報通信技術の進展に伴い，多くの情報通信サービスが魅力的かつ簡便な形で提供されている．特に，スマートフォン，クラウドコンピューティングなどの普及には目を見張るものがある．しかしながら，重要な情報資産を扱う組織を取り巻く環境は，以前よりもよりリスクの高いものになっている．最近発覚している情報セキュリティ事故を考えても，技術的なマルウェアに依存する脅威だけでなく，組織の管理力の弱点をつき，個人のセキュリティに対する認識不足をついた脅威などが多くのセキュリティ事故につながっているのが現状である．このようなセキュリティ事故の結果，機微情報の漏えい，企業営業の妨害，評価低下など組織にとって様々な不利益が起こっている．したがって，以前にも増して，組織の保有する情報資産の適切な管理，保護は必達事項となっており，情報セキュリティマネジメントの重要性が認識され，そのための情報セキュリティマネジメントシステム（ISMS）の確実な実施が望まれるところである．

　ISMS認証を既に受けている組織は，世界で約8,000件，日本は4,435件（2013年12月現在）となっており，日本は世界中で最もISMS認証を受けている組織の多い国ということになる．しかしながら，ISMS認証を取得しているからといって，"セキュリティ"が保証されているわけではない．ISMSにおいて最も重要な点は，変わりゆく組織環境・周辺環境を的確に把握し，組織としての戦略を十分に考慮した上で，想定される潜在的なリスクを見極め，想定リスクに対する具体的な対策（管理策など）を適切に選択し，適切な方法で管理策を実施し，決められた期間で見直し，及び改善を行っていくことであるといえる．すなわち，ISMSは情報セキュリティの施策を変化の大きい外部要因・内部要因に追随する形でダイナミックに実施する"仕組み"ということができよう．

2013年9月25日，ISO/IEC 27001 (Information Security Management System - Requirments) が改正され，それに伴い，JIS Q 27001（情報セキュリティマネジメントシステム―要求事項）が2014年3月20日に発行された．本書は，今回の改正を踏まえ，JIS Q 27001について，次の内容について，具体的に解説することを目的としている．

(1) ISO/IEC 27001（JIS Q 27001）の改正の趣旨と主要な改正点
(2) ISO/IEC 27001（JIS Q 27001）で使われている用語及び訳語
(3) ISO/IEC 27001（JIS Q 27001）規格本文の要求事項の解説
(4) "附属書A（規定） 管理目的及び管理策" の概要
(5) ISMS認証の移行，リスク分析の事例など，重要な補足情報
(6) JIS Q 27001 附属書Aの新旧対応表（付録）
(7) ISMS認証制度の概要（付録）

本書では，JIS Q 27001:2006との差分について，第3章において解説しているが，旧版との詳細の差分については，"N13143：SD3（Standing Document 3）Mapping Old-New Editions of ISO/IEC 27001 and ISO/IEC 27002" を参照されたい．

URL：http://www.jtc1sc27.din.de/cmd?level=tpl-bereich&languageid=en&cmsareaid=wg1sd3

なお，本SD3の序文では，"関連が示されている場合でも，その内容が同一であることを意味するわけではない．" とされており，対応関係が示されている場合でも，1対1の対応や内容が同一であることを意味するわけではないことに留意する必要がある．したがって，本書の第3章では，対応関係，及び差分について，可能な範囲で記載するよう努力した．

さらに，JIS Q 27001は，JIS Q 27002:2014（情報セキュリティ管理策の実践のための規範）との関係が深い．本書の第4章で "附属書A（規定） 管理目的及び管理策の概要" を示すが，これらは，JIS Q 27002における管理目的，及び管理策を規定化しているものである．また，附属書Aについて，SD3に基づき作成した新旧対応表を本書付録1に掲載している．

本書は，上述したような豊富な内容を提供しており，付録には，"ISMS認証の移行に関する事項"などの重要な情報を追記している．本書のこれらの情報を用いて，既にISMS構築をなされている方々については，今回の改正内容の的確な把握をしていただき，組織の中における本改正に関連するインパクト分析を実施していただきたい．実施されたインパクト分析に基づき，さらに，組織におけるISMSの確立・実施・維持・継続的改善を推進していただきたいと考える．また，本書は新たにISMS構築をされる方々についても有益である．JIS Q 27001 に記載されている原文に加え，それぞれについて解説を丁寧に施しているためである．

　最後に，本書の出版にあたりご尽力をいただいた方々に感謝します．
2014年4月

執筆者を代表して　中尾　康二

目 次

まえがき　3

第1章　ISO/IEC 27001（JIS Q 27001）の概要 ………………（山﨑）… 9

1.1　情報セキュリティマネジメントシステム（ISMS）の意義 …………………… 9
　1.1.1　マネジメントシステム（MS）とは何か ………………………………… 9
　1.1.2　情報セキュリティ（IS）とは何か ……………………………………… 9
　1.1.3　ISMSとは何か ……………………………………………………………… 10
　1.1.4　ISMSの国際規格制定の目的とねらい ……………………………………… 10
1.2　ISO/IEC 27001（JIS Q 27001）の改正の趣旨と主要な改正点 ……………… 11
　1.2.1　マネジメントシステム規格の共通化の適用 ……………………………… 12
　1.2.2　ISO 31000に基づく情報セキュリティアセスメント及び
　　　　　情報セキュリティリスク対応 ……………………………………………… 14
　1.2.3　情報セキュリティ目的の役割とその概要 ………………………………… 16
　1.2.4　他の管理策群への対応 ……………………………………………………… 18
　1.2.5　情報セキュリティパフォーマンス及びISMSの有効性の評価 ………… 19

第2章　用語の解説 ……………………………………………………（山﨑）… 21

2.1　ISO/IEC 27000ファミリ規格の用語規格ISO/IEC 27000の成り立ち ……… 21
2.2　ISO/IEC 27001の用語及び定義 ……………………………………………… 21
　2.2.1　組織に関連する用語及び定義 ……………………………………………… 22
　2.2.2　情報セキュリティに関連する用語及び定義 ……………………………… 25
　2.2.3　情報セキュリティリスクマネジメントに関連する用語及び定義 ……… 29
　2.2.4　評価に関連する用語及び定義 ……………………………………………… 38

第3章 要求事項の解説 ……………………………………… (JIPDEC) … 43

JIS Q 27001:2014

- 0 序　文 ………………………………………………………………… 43
- 1 適用範囲 ……………………………………………………………… 47
- 2 引用規格 ……………………………………………………………… 48
- 3 用語及び定義 ………………………………………………………… 50
- 4 組織の状況 …………………………………………………………… 50
  - 4.1 組織及びその状況の理解 ……………………………………… 50
  - 4.2 利害関係者のニーズ及び期待の理解 ………………………… 54
  - 4.3 情報セキュリティマネジメントシステムの適用範囲の決定 … 55
  - 4.4 情報セキュリティマネジメントシステム …………………… 57
- 5 リーダーシップ ……………………………………………………… 58
  - 5.1 リーダーシップ及びコミットメント ………………………… 58
  - 5.2 方　針 …………………………………………………………… 60
  - 5.3 組織の役割，責任及び権限 …………………………………… 63
- 6 計　画 ………………………………………………………………… 65
  - 6.1 リスク及び機会に対処する活動 ……………………………… 65
  - 6.2 情報セキュリティ目的及びそれを達成するための計画策定 … 83
- 7 支　援 ………………………………………………………………… 85
  - 7.1 資　源 …………………………………………………………… 85
  - 7.2 力　量 …………………………………………………………… 85
  - 7.3 認　識 …………………………………………………………… 87
  - 7.4 コミュニケーション …………………………………………… 88
  - 7.5 文書化した情報 ………………………………………………… 89
- 8 運　用 ………………………………………………………………… 91
  - 8.1 運用の計画及び管理 …………………………………………… 91
  - 8.2 情報セキュリティリスクアセスメント ……………………… 92
  - 8.3 情報セキュリティリスク対応 ………………………………… 93
- 9 パフォーマンス評価 ………………………………………………… 93
  - 9.1 監視，測定，分析及び評価 …………………………………… 93
  - 9.2 内部監査 ………………………………………………………… 96
  - 9.3 マネジメントレビュー ………………………………………… 99
- 10 改　善 ………………………………………………………………… 101
  - 10.1 不適合及び是正処置 …………………………………………… 101
  - 10.2 継続的改善 ……………………………………………………… 103

第4章 "附属書A(規定) 管理目的及び管理策"の概要 ……(山下)… 105

4.1 附属書Aの位置付け ……………………………………… 105
4.2 ISO/IEC 27001:2005の附属書Aとの対比 …………………… 106
4.3 各箇条の概要 ……………………………………………… 108

― JIS Q 27001:2014 ―
A.5 情報セキュリティのための方針群 …………………… 108
A.6 情報セキュリティのための組織 ……………………… 110
A.7 人的資源のセキュリティ ……………………………… 110
A.8 資産の管理 ……………………………………………… 112
A.9 アクセス制御 …………………………………………… 114
A.10 暗　号 …………………………………………………… 115
A.11 物理的及び環境的セキュリティ ……………………… 115
A.12 運用のセキュリティ …………………………………… 116
A.13 通信のセキュリティ …………………………………… 116
A.14 システムの取得，開発及び保守 ……………………… 117
A.15 供給者関係 ……………………………………………… 119
A.16 情報セキュリティインシデント管理 ………………… 120
A.17 事業継続マネジメントにおける情報セキュリティの側面 …… 121
A.18 順　守 …………………………………………………… 122

第5章 重要な補足事項 ………………………………(中尾・山﨑)… 123

5.1 改正されたISO/IEC 27001への認証の移行について …………… 123
5.2 リスクの概念の改正とその解釈について ………………………… 124
5.3 セクター別の認証について ………………………………………… 131
5.4 国際規格化の活動について ………………………………………… 136

付録1　SD3　ISO/IEC 27001及びISO/IEC 27002
　　　　新旧対応表について ……………………………(JIPDEC)… 139
付録2　ISMS認証制度の概要 ………………………………(JIPDEC)… 171

索　引　179

第1章

ISO/IEC 27001（JIS Q 27001）の概要

1.1 情報セキュリティマネジメントシステム（ISMS）の意義

1.1.1 マネジメントシステム（MS）とは何か

マネジメントシステムは，情報セキュリティマネジメントシステム（以下，ISMSという）関連規格の用語が定義されているISO/IEC 27000（JIS Q 27000）の中で，"方針，目的及びその目的を達成するためのプロセスを確立するための，相互に関連する又は相互に作用する，組織の一連の要素"と定義されている．

ここでいう組織とは，会社や法人，非営利団体等，自らの目的を達成するために責任や権限をもって活動する人々の集まりであり，重要なことは，"自らの目的を達成する"ことにある．

マネジメントシステムは，その組織の目的を達成するための一連の要素（組織の構造，役割及び責任，計画，運用など）といえる．

マネジメントシステムには，後述するISMS（情報セキュリティマネジメントシステム）のほかに，QMS（品質マネジメントシステム），EMS（環境マネジメントシステム），ITSMS（ITサービスマネジメントシステム）及びBCMS（事業継続マネジメントシステム）等がある．

1.1.2 情報セキュリティ（IS）とは何か

情報セキュリティは，ISO/IEC 27000の中で，"情報の機密性，完全性及び可用性を維持すること"と定義されている．

すなわち，情報セキュリティとは，情報の，機密性，完全性及び可用性という三つの要件を満たすように維持しておくことである．

例えば，情報セキュリティの要件は，次の手順で定めることが考えられる．
① 対象とする情報を特定すること
② その情報を，機密性の要件（情報の漏えいや盗難などからの保護），完全性の要件（情報の改ざんや欠損などからの保護），可用性の要件（情報が使用できなくなることからの保護），この三つの要件のうち，どの要件（単独又は組合せ）を維持するかを決定すること
③ そして，その情報を，要件ごとに，どの程度の確実さで維持するか決定すること

1.1.3 ISMS とは何か

情報セキュリティ (IS) のためのマネジメントシステム (MS) が，情報セキュリティマネジメントシステム (ISMS) である．ISMS とは，情報セキュリティの確立，実施，維持，継続的改善によって，その組織の目的を達成するための，一連の要素（組織の構造，役割及び責任，計画，運用など）のことである．

1.1.4 ISMS の国際規格制定の目的とねらい

ISMS を確立し，実施し，維持し，継続的に改善するための要求事項について規定した国際規格が，ISO/IEC 27001（JIS Q 27001）である．また，この規格は，組織のニーズに応じて調整した情報セキュリティリスクアセスメント及び情報セキュリティリスク対応を行うための要求事項についても規定している．

ISO/IEC 27001 は，情報セキュリティマネジメントシステム（ISMS）の要求事項への適合を第三者が認証する場合に ISMS 認証基準として適用することを目的としている．

1.2 ISO/IEC 27001（JIS Q 27001）の改正の趣旨と主要な改正点

ISO/IEC 27001 の改正の趣旨と主要な改正点は，次のとおりである．

1) 旧版が発行された 2005 年以後のマネジメントシステム規格に対する共通化の要求に対応するために，**マネジメントシステム規格の共通化**を規定した"ISO/IEC 専門業務用指針　第1部　統合版 ISO 補足指針"の**附属書 SL** を適用し，それが規定する上位構造，共通の細分箇条題名，共通テキスト並びに共通の用語及び中核となる定義を採用した（1.2.1 参照）．
2) 情報セキュリティリスクアセスメント及び情報セキュリティリスク対応，さらにその実施に関する規定を，リスクマネジメントの規格である **ISO 31000**（リスクマネジメント―原則及び指針）と整合性のあるものとした（1.2.2 参照）．
3) ISO/IEC 27001 の全体のプロセスを通して，重要な役割を果たす基本概念として，**情報セキュリティ目的**（information security objective）を導入した（1.2.3 参照）．
4) 附属書 A に代えて他の管理策群を本規格とあわせて利用することも可能とするために，**リスク対応における管理策**の特定に関する要求事項を整備した（1.2.4 参照）．
5) これまでは，管理策の有効性を測定することが要求されていたが，改正後は，**情報セキュリティパフォーマンス**及び **ISMS の有効性**を評価することが，要求事項として明確に規定された（1.2.5 参照）．

経済産業省は，改正された ISO/IEC 27001:2013 に対応して，この国際規格と同じ規格の国内規格 JIS Q 27001:2006（日本工業規格）の改正を実施した．改正された JIS Q 27001:2014（日本工業規格）は，2014 年 3 月 20 日に発行された．

第1章　ISO/IEC 27001（JIS Q 27001）の概要

1.2.1　マネジメントシステム規格の共通化の適用

ISO/IEC 27001:2013における第1の主要な改正点は，マネジメントシステム規格の共通化の適用である．

（1）共通化の目的

マネジメントシステム規格の共通化の目的は，マネジメントシステム間の整合性向上を図ることによって，組織が複数のマネジメントシステムを導入する場合の負担を軽減することである．ただし，それぞれのマネジメントシステム規格は，今後も独立して存在する．

例えば，次のようなマネジメントシステム規格の中で，組織が，複数の規格に基づきマネジメントシステムを導入する場合，組織の構造，役割及び責任，計画，運用などの局面で，共通化された規格に基づき統合したマネジメントシステムが構築できるので，組織にとって，導入の負荷が軽減できる．

ISOのマネジメントシステム規格の例

- 品質　　　　　　　：ISO 9001
- 環境　　　　　　　：ISO 14001
- 情報セキュリティ：ISO/IEC 27001
- ITサービス　　　：ISO/IEC 20000-1
- 事業継続　　　　　：ISO 22301

（2）共通化の方法

マネジメントシステム規格の共通化は，次の三つの要件により実現されている．

　　第1の要件：上位構造である目次
　　第2の要件：共通テキスト
　　第3の要件：共通の用語及び定義

上記の規定は，"ISO/IEC 専門業務用指針　第1部　統合版ISO補足指針"*

---

*　ISO補足指針とは，ISO規格を制定する際に使用するルールの一つであり，ISO規格を開発・改正する際に従うべき指針である．

1.2 ISO/IEC 27001（JIS Q 27001）の改正の趣旨と主要な改正点

の附属書SL（マネジメントシステム規格の提案）に規定されている．マネジメントシステム規格を制定・改正する場合は，これらの規定の使用が義務付けられている．

● 第1の要件：上位構造である目次

序文
1 適用範囲
2 引用規格
3 用語及び定義
4 組織の状況
5 リーダーシップ
6 計画
7 支援
8 運用
9 パフォーマンス評価
10 改善

● 第2の要件：共通テキスト

附属書SLでは，上位構造の各章ごとに共通テキストを規定している．ISO/IEC 27001:2013では，共通テキストを採用した上で，ISMSに固有のテキストを追加している．

● 第3の要件：共通の用語及び定義

ISOのマネジメントシステム規格全体（例えば，ISMS，QMS，EMS）で共通に使用する用語と定義を，附属書SLで規定している．

例えば，次のような用語及び定義が規定されている．

(a) 計画に関連する用語
  - 組織（organization）
  - リスク（risk）
  - 目的（objective）
  - 方針（policy）

- トップマネジメント（top management）
(b) 運用に関連する用語
- プロセス（process）
- 外部委託する（outsource）
(c) パフォーマンス評価に関連する用語
- 測定（measurement）
- 監査（audit）
(d) 改善に関連する用語
- 是正処置（corrective action）

1.2.2 ISO 31000 に基づく情報セキュリティリスクアセスメント及び情報セキュリティリスク対応

ISO/IEC 27001 における第 2 の主要な改正点は，ISMS の基本的なプロセスである情報セキュリティリスクアセスメント及び情報セキュリティリスク対応を，リスクマネジメントの国際規格である ISO 31000（リスクマネジメント―原則及び指針）と整合性のあるものにすることである．

ISO 31000 のリスクマネジメントの用語は，ISO Guide 73（リスクマネジメント―用語―規格において使用するための指針）に基づいている．

マネジメントシステムの中には，リスクマネジメントについて体系的な要求事項をもつものともたないものがある．このため，マネジメントシステムの共通テキストでは，リスクマネジメントの要求事項として最低限の規定だけを置いている（ISO/IEC 27001:2013 における 6.1.1）．他方，2009 年に，リスクマネジメントの一般的な指針である ISO 31000 が発行され，汎用の指針として認知されている．

これらの背景から，リスクマネジメントについて体系的な要求事項を必要とする ISO/IEC 27001 では，情報セキュリティリスクアセスメント及び情報セキュリティリスク対応に関して，ISO 31000 と親和性のある記述を，ISMS 固有テキストとして加えている．該当要求事項は，主に"6 計画"の"6.1 リ

1.2 ISO/IEC 27001（JIS Q 27001）の改正の趣旨と主要な改正点　15

スク及び機会に対処する活動"に記述されている．

今回の改正により，ISO/IEC 27001 の情報セキュリティリスクアセスメント及び情報セキュリティリスク対応に関して，ISO 31000 と整合することになったため，改正前と比較すると，以下の特徴を挙げることができる．

(1) リスクの定義とリスク特定の改正

情報セキュリティリスクアセスメント及び情報セキュリティリスク対応の基本となるリスク（risk）の定義，及びリスク特定（risk identification）のプロセスが，ISO 31000 と整合性をとることになったことにより，変更された．

まず，リスク（risk）の定義は，改正前の ISO/IEC 27001：2005 では，"事象の発生確率とその結果の組み合わせ（combination of the probability and its consequence）"であった*．改正後では，ISO Guide 73：2009（JIS Q 0073：2010）に基づいて，"目的に対する不確かさの影響（effect of uncertainty on objectives）"として，目的との関係で定義されており，リスクは目的に照らし合わせて決定することを意味している．

次に，リスクアセスメントにおけるリスクの特定（risk identification）の基本的なアプローチが変更となったことである．改正前は，情報セキュリティリスクの特定は，資産（asset），脅威（threat），ぜい弱性（vulnerability），影響（impacts）に基づいて実施する，という手順であったが，新しく，ISO 31000 と整合性をとることになった改正後では，情報セキュリティ目的に影響を与える，リスク源（risk source），影響を受ける領域（areas of impacts），事象（events）とその原因（causes），並びに，それらが引き起こす可能性のある結果（potential consequences）を特定する，と変更となっている．

(2) 情報セキュリティ目的の設定

リスクの定義における"目的"も同様に，ISO Guide 73 に基づいて，"達成する結果"として，ISO/IEC 27000 に定義されている．ISMS の場合，組

---

* 実際には，ISO/IEC 27001 には，リスクの定義はなく，ISO/IEC Guide 73：2002（TR Q 008：2003）の用語定義を使用していた．

織は，特定の結果を達成するため，情報セキュリティ方針と整合のとれた情報セキュリティ目的を設定することが要求されている（6.2）．ISMSの計画（箇条6）における情報セキュリティリスクアセスメント（6.1.2）及び情報セキュリティリスク対応（6.1.3）では，情報セキュリティ目的の達成に対する不確実性を扱っている*．

(3) 情報セキュリティリスクアセスメントの適用

ISMSの適用範囲内における情報の機密性，完全性及び可用性の喪失のリスクを特定するために，情報セキュリティリスクアセスメントのプロセスを適用することが要求されている．情報セキュリティ目的に対して，情報の機密性，完全性，可用性を維持することの不確実性に影響を与えるリスク源（risk source）と，その影響の結果をアセスメントすることになる．

(4) リスクの所有者

ISO/IEC 27001においては，情報セキュリティのリスクを運用管理することについて，責任及び権限をもつ人又は主体をリスク所有者（risk owner）としている．これまでは，情報セキュリティにおいて，資産の管理責任者（asset owner）を定義してきたが，多くの場合，資産の管理責任者は，その資産に関連して，リスク所有者でもあるといえる．

(5) 計画と評価・改善

ISO/IEC 27001の要求事項では，リスクアセスメント及びリスク対応に基づいて作成する情報セキュリティリスク対応計画（6.1.3 e）は，情報セキュリティ目的を達成するものになっていることが要求されている．

1.2.3　情報セキュリティ目的の役割とその概要

ISO/IEC 27001における第3の主要な改正点は，ISO/IEC 27001の全体を通して重要な役割を果たす基本的概念として，情報セキュリティ目的（information security objective）を，明確に位置付けたことである．

---

* 上記のカッコ内の番号は，ISO/IEC 27001の対応箇所を示している．以下，同様．

1.2 ISO/IEC 27001（JIS Q 27001）の改正の趣旨と主要な改正点　17

ISO/IEC 27001 の全体において，情報セキュリティ目的の役割が各章においてどのように位置付けられ，互いにどのような関連があるか，以下に解説する．

(1) 情報セキュリティ目的とリスク

目的は，"達成する結果"と定義されている．ISMS の場合，組織は，特定の成果を達成するため，情報セキュリティ方針と整合のとれた"情報セキュリティ目的"を設定することが要求されている．他方，1.2.2(1)で解説したように，リスク（risk）は，"目的に対する不確かさの影響"と定義されており，目的の達成のために，リスクマネジメントを実施することとなる（ISO/IEC 27000, 2.68）．

(2) 情報セキュリティ目的とトップマネジメント

情報セキュリティ目的を，トップマネジメントが，情報セキュリティ方針や組織の戦略的な方向性と整合して，確立することが要求されている（5.1）．

具体的には，情報セキュリティ目的を，情報セキュリティ方針に含めるか，情報セキュリティ目的を設定するための枠組みを情報セキュリティ方針で示すことが要求されている（5.2）．

(3) 情報セキュリティ目的の確立

組織は，関連する部門及び階層において，情報セキュリティ目的を確立することが要求されている（6.2）．要求事項に明示されていないが，トップマネジメントが最上位の情報セキュリティ目的を確立し，それを達成するために，関連する部門や階層においてそれぞれ自身の情報セキュリティ目的を確立することが想定される．トップマネジメントが設定した情報セキュリティ目的が，関連する部門や階層に適用される場合もある（6.2）．

(4) 情報セキュリティ目的の要求事項

情報セキュリティ目的として，次の事項を要求している（6.2）．

- 情報セキュリティ方針と整合していること
- 実行可能な場合，測定可能であること
- 適用される情報セキュリティ要求事項，並びにリスクアセスメント及びリスク対応の結果を考慮に入れること（言い換えると，リスクアセスメ

ント及びリスク対応結果によっては，これを考慮して情報セキュリティ目的の達成時期や内容等を調整することが必要になり得る.）

(5) 情報セキュリティ目的達成のための計画

情報セキュリティ目的を達成するために，次の項目を計画する（6.2）.
- 実施事項
- 必要な資源
- 責任者
- 達成期限
- 結果の評価方法

(6) 情報セキュリティ目的達成のための計画の実施

計画の策定から実施の流れでは，情報セキュリティリスクアセスメント及び情報セキュリティ対応を踏まえて，情報セキュリティ目的を達成するための活動計画を作成し，それを実行に移すための"実行プロセス（運用計画）"の策定と，その実施及び管理が求められている（8.1）.

(7) 情報セキュリティ目的達成のためのパフォーマンスと有効性の評価

組織は情報セキュリティパフォーマンス及びISMSの有効性を評価しなければならない（9.1）.

(8) 情報セキュリティ目的とマネジメントレビュー

マネジメントレビューにおいて，情報セキュリティパフォーマンスに関するフィードバックとして，情報セキュリティ目的の達成を含めることが要求されている（9，9.3）.

1.2.4 他の管理策群への対応

ISO/IEC 27001における第4の主要な改正点は，COBIT*やNIST**が定める管理策群等，附属書A以外の管理策群へ対応するための要求事項を含め

---

* 情報システムコントロール協会（ISACA）とITガバナンス協会（ITGI）が作成した情報技術（IT）管理についてのベストプラクティス．
** 米国の国立標準技術研究所．特に情報セキュリティの関連文書を公表している．

情報セキュリティリスク対応（6.1.3）において，管理策の決定について次の手順を要求している．

- **手順1** 情報セキュリティ目的を達成するために，情報セキュリティリスクアセスメント及び情報セキュリティリスク対応を実施し，情報セキュリティ対応の選択肢の実施に必要な全ての管理策を決定する（6.1.2, 6.1.3）．
- **手順2** その際，これまでは，ISO/IEC 27001の附属書Aから必要な管理策を選択していたが，改正後のISO/IEC 27001では，ISO/IEC 27001附属書Aに代えて任意の情報源の中から管理策を決定することも可能とした．任意の情報源とは，COBITやNIST等の管理策群のことである．あるいは，組織が策定した管理策群でもよい．
- **手順3** 次に，決定した全ての管理策をISO/IEC 27001の附属書Aと比較して，必要な管理策が見落とされていないか，検証する．
- **手順4** 手順3の検証結果に基づいて，適用宣言書を作成する．適用宣言書には，次のことが記述される．
    - ① 必要な管理策及びそれらの管理策を含めた理由
    - ② それらの管理策を実施しているか否か
    - ③ ISO/IEC 27001の附属書Aに規定する管理策を除外した場合は，その理由

上記の手順によって，附属書A以外の管理策群の利用を可能とし，その場合にもリスクアセスメント及びリスク対応をとおしてリスク基準を満たすために必要な管理策を選択することを求めている．

1.2.5　情報セキュリティパフォーマンス及びISMSの有効性の評価

ISO/IEC 27001における第5の主要な改正点は，情報セキュリティパフォーマンス及びISMSの有効性を評価することが，要求事項として，明確に規定されたことである（9.1）．これまでは，基本的には，管理策の有効性を

測定することが要求されていた．改正後の ISO/IEC 27001 では，管理策の有効性を測定すること自体が要求事項でなく，情報セキュリティパフォーマンス及び ISMS の有効性を評価することが要求事項となり，測定することは，評価を実施するプロセスの一つとなった．

情報セキュリティパフォーマンス及び ISMS の有効性の評価に関して，改正のポイントは，次のとおりである．

(1) 評価する内容は，情報セキュリティパフォーマンス，及び ISMS の有効性である．ISO/IEC 27001 の 2005 年版では，管理策の有効性測定により評価が行われたが，改正後は，管理策の有効性については，監視，測定対象の全体の一部となった．

(2) 評価の手順は，監視，測定，分析及び評価のプロセスからなる．測定は，評価の一つのプロセスとされた．

(3) 情報セキュリティパフォーマンス及び ISMS による評価の他の形態として，内部監査（9.2）及びマネジメントレビュー（9.3）がある．内部監査が，ISMS の要求事項に対する適合性や有効性を監査するに対して，マネジメントレビューでは，ISMS の有効性や情報セキュリティパフォーマンスに関してレビューを行う．情報セキュリティパフォーマンスに関するフィードバックとして，情報セキュリティ目的の達成を含めることが要求されている（9，9.3）．

第2章

用語の解説

2.1　ISO/IEC 27000 ファミリ規格の用語規格 ISO/IEC 27000 の成り立ち

ISO/IEC 27000 ファミリ規格で使用する共通の用語とその定義は，ISO/IEC 27000（JIS Q 27000）に記述されている．この用語規格は，次の三つを情報源として，構成されている．

(1) 附属書 SL

ISO のマネジメントシステム規格（例えば，ISMS，QMS，EMS）で共通に使用する用語及び定義．

　　例　3.01　組織（organization），

　　　　3.05　トップマネジメント（top management），

　　　　3.07　方針（policy），3.08　目的（objective）

(2) ISO Guide 73（JIS Q 0073）

ISO のリスクマネジメントに関する規格で共通に使用する用語及び定義．

　　例　1.1　リスク（risk），3.5.1.2　事象（event）

(3) ISO/IEC 27000

ISO/IEC 27000 ファミリ規格で共通に使用する用語及び定義．

　　例　2.33　情報セキュリティ（information security），

　　　　2.12　機密性（confidentiality），2.40　完全性（integrity），

　　　　2.9　可用性（availability）

2.2　ISO/IEC 27001 の用語及び定義

ISO/IEC 27001（JIS Q 27001）で使用する用語は，ISO/IEC 27000 に記

述されている．

用語及び定義について，次の分類に従って解説する．

　　2.2.1　組織に関連する用語及び定義

　　2.2.2　情報セキュリティに関連する用語及び定義

　　2.2.3　情報セキュリティリスクマネジメントに関連する用語及び定義

　　2.2.4　評価に関連する用語及び定義

2.2.1　組織に関連する用語及び定義

―― JIS Q 27000:2014 ――

2.57　組織（organization）

　自らの目的（2.56）を達成するため，責任，権限及び相互関係を伴う独自の機能をもつ，個人又は人々の集まり．

　　注記　組織という概念には，法人か否か，公的か私的かを問わず，自営業者，会社，法人，事務所，企業，当局，共同経営会社，非営利団体若しくは協会，又はこれらの一部若しくは組合せが含まれる．ただし，これらに限定されるものではない．

組織とは，個人又は人々の集まりとされているが，ISO/IEC 27001:2013 においては，組織は人々の集まりである．

定義における"自らの目的を達成するため"という句は，ISMS が情報セキュリティ目的の達成を目指すものであることから，ISO/IEC 27001:2013 の全般に関係している．特に，"6.2　情報セキュリティ目的及びそれを達成するための計画策定"では，自らの目的を達成するためという組織の要件を，ISMS の要求事項として規定している．また，"6.1　リスク及び機会に対処する活動"は，ISMS において，目的を達成するための活動の中核である．

定義における"責任，権限及び相互関係を伴う独自の機能をもつ"という句に関連して，ISO/IEC 27001:2013 においては，特に，"5.1　リーダーシップ及びコミットメント"及び"5.3　組織の役割，責任及び権限"でその要件を

要求事項として直接に規定している．

ISMSにおける要求事項の実施主体として，組織又はトップマネジメントがISO/IEC 27001:2013において明示されている．要求事項のその他の実施主体は，5.3に基づき組織において定められる．

ISMSを適用する組織は，定義の注記にあるようにいかなる形態の組織も排除していない．

ISMSを適用する組織は，複数の組織の集合体の場合がある（例：グループ会社の全体をISMSの適用範囲とする場合）．また，ISMSを適用する組織は，会社組織などの一部の場合もある（例：事業部や部門）．ただし，複数の組織の集合体をISMSの適用範囲とする場合は，全体を統括する機構が必要である．

JIS Q 27000:2014

2.84 トップマネジメント（top management）

最高位で組織（2.57）を指揮し，管理する個人又は人々の集まり．

注記1　トップマネジメントは，組織内で，権限を委譲し，資源を提供する力をもっている．

注記2　マネジメントシステム（2.46）の適用範囲が組織（2.57）の一部だけの場合，トップマネジメントとは，組織（2.57）内のその一部を指揮し，管理する人をいう．

"2.57 組織"に記述したように，ISMSにおける要求事項のもう一つの実施主体は，トップマネジメントである．

トップマネジメントは，2.57の組織（単一組織，組織の集合体，組織の一部など）における最高位にあって組織のISMSの活動を指揮し，計画及び結果に責任をもつ個人又は人々の集まりである．

具体的には，ISMSにおけるトップマネジメントは，組織が法人の場合，組織の最高責任者であるCEO（Chief Executive Officer）や，情報セキュリティの最高責任者であるCISO（Chief Information Security Officer），CSO（Chief

Security Officer），取締役会（board or officer's meeting）又は理事会（board of directors or trustees）である．また，適用範囲が組織の一部の場合は，適用部分の責任者（会社であれば，部門の最高責任者である事業部長，部長など）又はこれに準ずる者が，これに該当する．

JIS Q 27000：2014

2.41　利害関係者（interested party）
　ある決定事項若しくは活動に影響を与え得るか，その影響を受け得るか，又はその影響を受けると認識している，個人又は組織（2.57）．

組織の利害関係者とは，具体的には，消費者，顧客，得意先，株主，投資家，金融機関，債権者，供給者，従業員，地域社会，行政機関などがこれに該当する．

JIS Q 27000：2014

2.60　方針（policy）
　トップマネジメント（2.84）によって正式に表明された組織（2.57）の意図及び方向付け．

　情報セキュリティ方針は，組織の正式な文書の形をとることが想定される．これまでは，ISO/IEC 27001 に ISMS 基本方針（ISMS policy）と情報セキュリティ基本方針（information security policy）の二つが，別名称で存在していたが，改正後は，情報セキュリティ方針（information security policy）のみとなった．
　なお，情報セキュリティ方針と附属書 A.5.1 にある情報セキュリティ方針群の関係は，明示されていない．ISO/IEC 27002：2013 の 5.1.1 では，情報セキュリティ方針群は，上位の情報セキュリティ方針と，その下位のトピック別方針群（例：アクセス制御方針，情報分類及び取扱い方針）からなるとされている．ISO/IEC 27001：2013 の"5.2　方針"はトップマネジメントが確立するとし

ており，多くの場合，情報セキュリティ方針群の中の上位の情報セキュリティ方針に該当する．

JIS Q 27000:2014

2.23 文書化した情報（documented information）
組織（2.57）が管理し，維持するよう要求されている情報，及びそれが含まれている媒体．
　　注記1　文書化した情報は，あらゆる形式及び媒体の形をとることができ，あらゆる情報源から得ることができる．
　　注記2　文書化した情報には，次に示すものがあり得る．
　　　　　―関連するプロセス（2.61）を含むマネジメントシステム（2.46）
　　　　　―組織の運用のために作成された情報（文書類）
　　　　　―達成された結果の証拠（記録）

具体的には，文書（document）及び記録（record）がある．ISO/IEC 27001:2005では，文書及び記録を区別していたが，改正版では，これらをあわせて文書化した情報という．証拠として使用する文書化した情報であることを明示する場合には，"証拠として（as evidence）"を付加して表現することにしている．

2.2.2　情報セキュリティに関連する用語及び定義

JIS Q 27000:2014

2.33 情報セキュリティ（information security）
情報の機密性（2.12），完全性（2.40）及び可用性（2.9）を維持すること．
　　注記　さらに，真正性（2.8），責任追跡性，否認防止（2.54），信頼性（2.62）などの特性を維持することを含めることもある．

"情報の機密性,完全性,可用性"の三つの特性は"情報セキュリティの3要素"とも呼ばれている．この3要素以外に，必要に応じて，真正性，責任追跡性，否認防止及び信頼性のような特性を維持することを含めることもできる．

―― JIS Q 27000：2014 ――
2.12　機密性（confidentiality）
認可されていない個人，エンティティ又はプロセス（2.61）に対して，情報を使用させず，また，開示しない特性．

機密性は，情報について秘密を守ることを求める特性である．秘密を守ることの意味について，定義では，"開示しない"ことだけでなく"使用させない"ことも示している点に注意する必要がある．情報の内容を参照させたり認識させたりしなくとも，使用させると，機密性を損なうこととなり得る．

機密性及び可用性の定義にある"エンティティ"とは，辞書では"実在物，実体，本体，自主独立体"などとされているが，組織や団体，コンピュータシステムなどを含み，物質的な実体に限らない概念である．情報へのアクセスを許可する対象には，個人だけでなく，組織や団体，コンピュータシステム，通信機器など，多様なエンティティが存在する．

機密性の定義にある"プロセス"は，"インプットをアウトプットに変換する，相互に関連する又は相互に作用する一連の活動"と定義されている．ISMSにおいて，プロセスとは，組織の業務プロセスである．プロセスに対する機密性とは，認可されたプロセスだけに情報を使用させ，または開示する特性をいう．

―― JIS Q 27000：2014 ――
2.40　完全性（integrity）
正確さ及び完全さの特性．

完全性は，組織が保有する情報が正確さや完全さを欠くと，組織や個人に不

2.2 ISO/IEC 27001の用語及び定義　　27

利益をもたらす等の事態につながる可能性があるので，これらを求めることに意味がある．

　正確さについては，何に対して正確であるか，その基準を明確にしておく必要がある．ある情報システムに保有している情報が正確であるとは，その情報システムに情報を格納したとき以後，正確に維持されていることだけを意味するのではない．情報システムに情報を格納するときに，適切な確認のプロセスを経るなどにより，正確な情報を格納することも含み得ることに留意する．例えば，不正確な個人の信用情報が情報システムに登録されると，当人は，取引において不利益を被る可能性がある．

　完全さとは，情報が欠損したり破壊されたりしていないことをいう．

　　　　　　　　　　　　　　　　　　　　　　　　　　　　JIS Q 27000:2014
2.9　可用性（availability）
　認可されたエンティティが要求したときに，アクセス及び使用が可能である特性．

　可用性は，認可されたエンティティであれば，情報が使いたいときに使える，という特性である．情報の可用性は，それを保有したり伝達したりする機器が使いたいときに使えることにより確保されるため，機器の可用性で表現されることもある．情報機器，情報システムや情報サービスについて可用性という語を使う場合が，その例である．

　　　　　　　　　　　　　　　　　　　　　　　　　　　　JIS Q 27000:2014
2.46　マネジメントシステム（management system）
　方針（2.60），目的（2.56）及びその目的を達成するためのプロセス（2.61）を確立するための，相互に関連する又は相互に作用する，組織（2.57）の一連の要素．
　　注記1　一つのマネジメントシステムは，単一又は複数の分野を取り

　　　　　扱うことができる．
　　注記2　システムの要素には，組織の構造，役割及び責任，計画，運用などが含まれる．
　　注記3　マネジメントシステムの適用範囲としては，組織全体，組織内の固有で特定された機能，組織内の固有で特定された部門，複数の組織の集まりを横断する一つ又は複数の機能，などがあり得る．

　マネジメントシステムは，組織の一連の要素であるが，具体的には，マネジメントシステム規格の要求事項に対応することによって組織において確立されることとなる．マネジメントシステムの定義は，附属書SLの定義によるもので，全てのマネジメントシステムにとって共通の定義である．

――――――――――――――― JIS Q 27000:2014 ―

2.36　情報セキュリティインシデント（information security incident）
　望まない単独若しくは一連の情報セキュリティ事象（2.35），又は予期しない単独若しくは一連の情報セキュリティ事象であって，事業運営を危うくする確率及び情報セキュリティ（2.33）を脅かす確率が高いもの．

　情報セキュリティ事象のうち，事業の運営を危うくする確率及び情報セキュリティを脅かす確率が高いもの，と定義されている．具体的には，明確に事件・事故につながる情報セキュリティ事象が，これに該当する．

――――――――――――――― JIS Q 27000:2014 ―

2.35　情報セキュリティ事象（information security event）
　情報セキュリティ方針への違反若しくは管理策の不具合の可能性，又はセキュリティに関係し得る未知の状況を示す，システム，サービス又は

ネットワークの状態に関連する事象（2.25）．

情報セキュリティインシデント及び，インシデントには至らないが，情報セキュリティを脅かす可能性のある事象が含まれる．具体的には，事件や事故及び，未遂や予兆等が，これに該当する．

2.2.3 情報セキュリティリスクマネジメントに関連する用語及び定義

———— JIS Q 27000:2014 ————

2.68 リスク（risk）

目的に対する不確かさの影響．

（JIS Q 0073:2010 の 1.1 参照）

注記1 影響とは，期待されていることから，好ましい方向又は好ましくない方向にかい（乖）離することをいう．

注記2 不確かさとは，事象（2.25），その結果（2.14）又はその起こりやすさ（2.45）に関する，情報，理解又は知識が，たとえ部分的にでも欠落している状態をいう．

注記3 リスクは，起こり得る事象（2.25），結果（2.14）又はこれらの組合せについて述べることによって，その特徴を記述することが多い．

注記4 リスクは，ある事象（周辺状況の変化を含む．）の結果（2.14）とその発生の起こりやすさ（2.45）との組合せとして表現されることが多い．

注記5 ISMS の文脈においては，情報セキュリティリスクは，情報セキュリティ目的に対する不確かさの影響として表現することがある．

注記6 情報セキュリティリスクは，脅威（2.83）が情報資産のぜい弱性（2.89）又は情報資産グループのぜい弱性（2.89）に付け

込み，その結果，組織に損害を与える可能性に伴って生じる．

※リスクに関する，下線文字部分は ISO 31000 にはない ISMS 固有の定義である．

　リスクの定義により，リスクを把握するためには，目的の存在が前提となる．リスクを把握するためには，設定した目的に対する不確かさをもたらすリスク源を特定することが重要となる．

　ISMS におけるリスクは，情報セキュリティ目的に対する不確かさの影響（目的に対する±の乖離の影響）のことで，設定された情報セキュリティ目的に対して，情報の機密性，完全性，可用性の喪失に影響を与える脅威，ぜい弱性による損害を受ける可能性によって生じる結果を含む．

　リスク源は，ISO Guide 73（リスクマネジメント―用語）で"それ自体又はほかとの組合せによって，リスクを生じさせる力を本来潜在的にもっている要素"と定義されている．

　情報セキュリティでは，情報の取扱い及び保管管理，情報管理に関わるサービス（通信，システム運用ほか），情報処理設備の導入と運用・保守管理など，情報に関連したリスク源を検討する必要がある．

―― JIS Q 27000:2014 ――

2.56　目的（objective）

　達成する結果．

　　注記 1　目的は，戦略的，戦術的又は運用的であり得る．

　　注記 2　目的は，様々な領域［例えば，財務，安全衛生，環境の到達点（goal）］に関連し得るものであり，様々な階層［例えば，戦略的レベル，組織全体，プロジェクト単位，製品ごと，プロセス（2.61）ごと］で適用できる．

　　注記 3　目的は，例えば，意図する成果，目的（purpose），運用基準など，別の形で表現することもできる．また，情報セキュリ

> ティ目的という表現の仕方もある．又は，同じような意味をもつ別の言葉［例：狙い（aim），到達点（goal），目標（target）］で表すこともできる．
>
> 注記4　ISMSの場合，組織は，特定の結果を達成するため，情報セキュリティ方針と整合のとれた情報セキュリティ目的を設定する．

達成する結果のことであり，到達点（goal），目的（purpose），目標（target）など，別の表現をする場合もある．ISMSの場合，情報セキュリティ目的を設定する．例えば，長期的な目的は"情報セキュリティを徹底することにより顧客の信頼を得る"のように，抽象的なものでもよいが，年度目的（目標）のように短期的には"顧客情報漏えいに関する情報セキュリティインシデントを前年度の1/2に削減する．"など，定量的に評価できる目的を設定すべきである．

---- JIS Q 0073:2010 ----

3.5.1.2　リスク源（risk source）

それ自体又はほかとの組合せによって，リスクを生じさせる力を本来潜在的にもっている要素．

注記　リスク源は，有形の場合も無形の場合もある．

リスク源は，定義から，極めて広範な要素が該当する．また，リスクの定義によって，リスク源は，目的が存在することを前提としてその意味が確定する．組織で情報セキュリティ目的をもつと，それに応じて，情報セキュリティについてのリスク及びリスク源が確定する．リスク源は，リスクの潜在的な要因であり，"ビジネスの関係と義務，法令又は規制要求事項と責任，経済的変化と取り巻く環境，技術の革新と大変動，政治的変化と傾向，自然現象と影響，人間の弱点と性癖，マネジメントの欠点又は失敗及び行き過ぎたマネジメント"

に関連するといわれている.また,リスク源は,それ自体がリスクを発生させるものだけでなく,それ自体はリスクを発生させないが,他の要因との組合せによってリスクを生じさせるものである場合もある.

脅威及びぜい弱性はリスク源であるが,リスク源はこれらに限らない.

— JIS Q 27000：2014 —

2.25 事象（event）

ある一連の周辺状況の出現又は変化.

（JIS Q 0073：2010 の 3.5.1.3 参照）

注記1　事象は,発生が一度以上であることがあり,幾つかの原因をもつことがある.

注記2　事象は,何かが起こらないことを含むことがある.

注記3　事象は,"事態（incident）"又は"事故（accident）"と呼ばれることがある.

なお,"事態"は,"インシデント"とも表現される.

事件又は事故のようにリスクが顕在化するものと,ヒヤリハットや未遂などリスクが顕在化する可能性があるものがある.事象には必ず原因があり,その原因が取り除かれない限り繰返し発生する可能性がある.例えば,情報セキュリティにおいては,パソコンの紛失,IT機器の誤動作,情報システムの操作ミスや入力ミス,マルウェアの侵入などがある.

— JIS Q 27000：2014 —

2.73 リスク基準（risk criteria）

リスク（2.68）の重大性を評価するための目安とする条件.

（JIS Q 0073：2010 の 3.3.1.3 参照）

注記1　リスク基準は,組織の目的,外部状況及び内部状況に基づいたものである.

> 注記2　リスク基準は，規格，法律，方針及びその他の要求事項から導き出されることがある．

　情報セキュリティにおいては，リスク基準は，情報セキュリティインシデントの起こりやすさと起った場合の結果の重大性を考慮した条件とすることがある．
　なお，ISO/IEC 27001:2013，6.1.2において，リスク基準は，リスク受容基準及び情報セキュリティリスクアセスメントを実施するための基準を含むと規定している．
　リスク基準は，組織の情報セキュリティ方針を反映すべきであり，リスク対応やリスク受容レベルの決定にも適用される．

--- JIS Q 27000:2014
2.71　リスクアセスメント（risk assessment）
　リスク特定（2.75），リスク分析（2.70）及びリスク評価（2.74）のプロセス（2.61）全体．

　リスクを評価するための一連のプロセスであり，ISO 31000に規定されている枠組み（"リスク特定⇒リスク分析⇒リスク評価"のプロセス）である．

--- JIS Q 27000:2014
2.79　リスク対応（risk treatment）
　リスク（2.68）を修正するプロセス（2.61）．
　（JIS Q 0073:2010の3.8.1参照）
　　注記1　リスク対応には，次の事項を含むことがある．
　　　　　―リスクを生じさせる活動を，開始又は継続しないと決定することによって，リスクを回避すること．
　　　　　―ある機会を追求するために，リスクをとる又は増加させる

> こと.
> —リスク源を除去すること.
> —起こりやすさを変えること.
> —結果を変えること.
> —一つ以上の他者とリスクを共有すること(契約及びリスクファイナンシングを含む.).
> —情報に基づいた選択によって,リスクを保有すること.
> 注記2　好ましくない結果に対処するリスク対応は,"リスク軽減","リスク排除","リスク予防"及び"リスク低減"と呼ばれることがある.
> 注記3　リスク対応が,新たなリスクを生み出したり,又は既存のリスクを修正したりすることがある.

　リスク対応とは,リスクアセスメントに基づいて特定したリスクを修正することである.リスクの修正には,好ましくないリスクの軽減と,好ましいリスクの増大がある.定義の注記1で,リスク対応の方法として,七つの選択肢を例示している.

――――――――――――――――――――――――― JIS Q 27000:2014 ―

> **2.69　リスク受容**(risk acceptance)
> ある特定のリスク(2.68)をとるという情報に基づいた意思決定.
> (JIS Q 0073:2010 の 3.7.1.6 参照)
> 注記1　リスク対応(2.79)を実施せずにリスク受容となることも,又はリスク対応プロセス中にリスク受容となることもある.
> 注記2　受容されたリスクは,モニタリング[監視(2.52)]及びレビュー(2.65)の対象となる.

2.2 ISO/IEC 27001 の用語及び定義　　　35

リスク受容とは，リスクを受け入れて取り込むことに関して意思決定することを指す．つまり，リスクアセスメントによりリスクが特定されていても，経済的，技術的などの要因でリスク対応ができずリスクが残留している場合，又たとえリスク対応したとしても，リスクが残留している場合，リスクの受容が，リスク受容基準に基づいて行われる．

JIS Q 27000：2014

2.78　リスク所有者（risk owner）
　リスク（2.68）を運用管理することについて，アカウンタビリティ及び権限をもつ人又は主体．
　（JIS Q 0073：2010 の 3.5.1.5 参照）

リスクをアセスメントとリスク対応を実施して，リスクの運用管理に責任をもつ管理責任者である．

ISO/IEC 27001：2005 では，資産の管理責任者（owner of asset）を定義してきた．ISO/IEC 27001：2013 では，本文には資産や資産の管理責任者は登場せず，附属書 A に資産の管理責任あるいは資産の管理責任者が登場する．資産に関連するリスクについては，この資産の管理責任者がリスク所有者である場合が多い．

JIS Q 27000：2014

2.44　リスクレベル（level of risk）
　結果（2.14）とその起こりやすさ（2.45）の組合せとして表現される，リスク（2.68）の大きさ．
　（JIS Q 0073：2010 の 3.6.1.8 参照）

リスクの大きさを表す指標で，結果（consequence）と起こりやすさ（likelihood）の組合せで表現される．

> ─── **JIS Q 27000:2014** ─
>
> **2.64　残留リスク**（residual risk）
> 　リスク対応（2.79）後に残っているリスク（2.68）．
> 　　**注記1**　残留リスクには，特定されていないリスクが含まれ得る．
> 　　**注記2**　残留リスクは，"保有リスク"ともいう．

　リスク対応後に残っている目的に対する不確実性（かい離）のことである．残留リスクを受容する場合は，リスク所有者の承認が必要である．

> ─── **JIS Q 27000:2014** ─
>
> **2.16　管理策**（control）
> 　リスク（2.68）を修正（modifying）する対策．
> 　（JIS Q 0073:2010 の 3.8.1.1 参照）
> 　　**注記1**　管理策には，リスクを修正するためのあらゆるプロセス，方針，仕掛け，実務及びその他の処置を含む．
> 　　**注記2**　管理策が，常に意図又は想定した修正効果を発揮するとは限らない．

　管理策は，"リスクを修正する対策"と定義されている．ISO/IEC 27001:2005 では好ましくないリスクを低減するための対策を意味していたが，改正後は，機会を増加させるための対策も含んでいる．
　附属書Aには，リスクを修正する対策として，情報セキュリティの管理策が規定されているが，これらは，どの組織にも対応する網羅的なものではない．組織のリスクアセスメントの結果，リスク対応に必要な管理策（必要であれば管理目的も）を追加する場合もある．

2.2 ISO/IEC 27001 の用語及び定義

――― JIS Q 27000:2014 ―

2.17 管理目的(control objective)
管理策(2.16)を実施した結果として,達成することを求められる事項を記載したもの.

管理策の実施によって達成が求められている事項である.附属書Aでは,一つの管理目的に対して,一つ又は複数の管理策が示されている.

――― JIS Q 27000:2014 ―

2.14 結果(consequence)
目的(2.56)に影響を与える事象(2.25)の結末(outcome).
　注記1　一つの事象が,様々な結果につながることがある.
　注記2　結果は,確かなことも不確かなこともある.情報セキュリティの文脈において,結果は,通常,好ましくないものである.
　注記3　結果は,定性的にも定量的にも表現されることがある.
　注記4　初期の結果が,連鎖によって,段階的に増大することがある.

具体的には,例えば,目的が,"顧客の機密情報に関する事件・事故を削減する"ということに対して,事象として,"PCの紛失"が発生した場合,その結末は"顧客の機密情報漏えい事故"となる.

――― JIS Q 27000:2014 ―

2.45 起こりやすさ(likelihood)
何かが起こる可能性.
(JIS Q 0073:2010 の 3.6.1.1 参照)

リスクレベルは,事象の結果と起こりやすさとの組合せにより決定される.

例えば，重大な結果（例：信用低下による売上の減少）を招く"顧客の機密情報漏えい事故"と，その起こりやすさ（例：PC管理の不備で紛失しやすい状況がある）の組合せにより，リスクレベルが"高い"ということを把握できる．この場合，"PC管理の不備"がリスク源である．

2.2.4 評価に関連する用語及び定義

――― JIS Q 27000:2014 ―

2.59 パフォーマンス（performance）
測定可能な結果．
注記1 パフォーマンスは，定量的又は定性的な所見のいずれにも関連し得る．
注記2 パフォーマンスは，活動，プロセス（2.61），製品（サービスを含む.），システム，又は組織（2.57）の運営管理に関連し得る．

この定義では，何の結果であるかを特定していない．
ISO/IEC 27001:2013において，"パフォーマンス"の用例は"ISMSのパフォーマンス"，"情報セキュリティパフォーマンス"及び"パフォーマンス評価"である．これらは，情報セキュリティに関連する諸活動を実施した結果及びその評価である．組織は，情報セキュリティのパフォーマンス評価することが求められている（"9.1 監視，測定，分析及び評価"）．

――― JIS Q 27000:2014 ―

2.24 有効性（effectiveness）
計画した活動を実行し，計画した結果を達成した程度．

ISMSにおいて計画した活動とは，リスク対応の実施計画を含む，ISMSを確立し，実施し，維持及び継続的改善するための一連の活動であり，計画した

結果とは，情報セキュリティ目的の実現である．この二つを評価することにより，有効性を判定できる．例えば"計画した活動を実施しなかったが情報は漏えいしなかった"又は，"計画した活動を実施したが情報が漏えいしてしまった"などは，ISMS が有効でないと判定できる．組織は，ISMS の有効性を評価することが求められている（"9.1 監視，測定，分析及び評価"）．

――― JIS Q 27000：2014 ―

2.52 監視（monitoring）
システム，プロセス（2.61）又は活動の状況を明確にすること．
　注記　状況を明確にするために，点検，監督，又は注意深い観察が必要な場合もある．

ISMS においては，情報セキュリティパフォーマンス及び ISMS の有効性を評価するために，監視，測定，分析，及び評価を行う．この中で，監視とは，活動の状況を明確に把握することである．

――― JIS Q 27000：2014 ―

2.48 測定（measurement）
値を決定するプロセス（2.61）．
　注記　情報セキュリティ（2.33）の文脈においては，値を決定するプロセスは，ISMS 及びそれに関連する管理策（2.16）について，その有効性（2.24）に関する情報を必要とし，測定方法（2.50），測定の関数（2.49），分析モデル（2.2）及び判断基準（2.21）を用いる．
　　なお，この注記は，ISO/IEC 27004：2009 における用語の説明である．

測定可能な監視対象について，測定結果である値を決定するプロセスをいう．

ISMSにおいては，情報セキュリティパフォーマンス及びISMSの有効性を評価するために，情報セキュリティプロセスや管理策の実施状況を測定する．

JIS Q 27000：2014

2.5 監査（audit）
　監査基準が満たされている程度を判定するために，監査証拠を収集し，それを客観的に評価するための，体系的で，独立し，文書化したプロセス（2.61）．
　　注記1　監査は，内部監査（第一者）又は外部監査（第二者・第三者）のいずれでも，又は複合監査（複数の分野の組合せ）でもあり得る．
　　注記2　"監査証拠"及び"監査基準"は，JIS Q 19011に定義されている．

　定義にある"監査基準"は，ISMSにおいては，ISO/IEC 27001の要求事項及び組織が定めた規定や手順などである．ISMSにおいて，監査とは，これらの監査基準が満たされている程度を判定するための体系的なプロセスである．
　監査には，内部監査（第一者）及び外部監査（第二者・第三者）がある（定義の注意1を参照）．内部監査については，"9.2　内部監査"でISMSの要求事項を規定している．
　監査は，JIS Q 19011（マネジメントシステム監査のための指針）の定義に基づいて実施することが要求されている．

JIS Q 27000：2014

2.53 不適合（nonconformity）
　要求事項（2.63）を満たしていないこと．

　ISMSにおいては，ISO/IEC 27001の要求事項又は組織が定めた規定や手

順などを満たしていないことをいう．

2.19 是正処置（corrective action）
不適合（2.53）の原因を除去し，再発を防止するための処置．
——— JIS Q 27000:2014

　是正処置は，"不適合の原因を除去し，再発を防止するための処置"と定義されている．不適合の原因を究明し，除去し，再発防止を行うことである．不適合の状態を単に正すのは修正であり是正ではない．

　再発を防止するには，なぜその不適合が生じたのかの原因を明らかにしなければならないが，発生原因が単純な不適合の場合（例：信頼できるメーカーの製造過程に起因するIT機器の故障）は，"修正＝是正（例：IT機器の交換）"の場合もあり得る．

第3章

要求事項の解説

0 序 文

— JIS Q 27001:2014 —

0.1 概要

　この規格は，情報セキュリティマネジメントシステム（以下，ISMSという．）を確立し，実施し，維持し，継続的に改善するための要求事項を提供するために作成された．ISMSの採用は，組織の戦略的決定である．組織のISMSの確立及び実施は，その組織のニーズ及び目的，セキュリティ要求事項，組織が用いているプロセス，並びに組織の規模及び構造によって影響を受ける．影響をもたらすこれらの要因全ては，時間とともに変化することが見込まれる．

　ISMSは，リスクマネジメントプロセスを適用することによって情報の機密性，完全性及び可用性を維持し，かつ，リスクを適切に管理しているという信頼を利害関係者に与える．

　ISMSを，組織のプロセス及びマネジメント構造（management structure）全体の一部とし，かつ，その中に組み込むこと，並びにプロセス，情報システム及び管理策を設計する上で情報セキュリティを考慮することは，重要である．ISMSの導入は，その組織のニーズに合わせた規模で行うことが期待される．

　この規格は，組織自身の情報セキュリティ要求事項を満たす組織の能力を，組織の内部で評価するためにも，また，外部関係者が評価するためにも用いることができる．

　この規格で示す要求事項の順序は，重要性を反映するものでもなく，実

> 施する順序を示すものでもない．本文中の細別符号［例えば，a），b），又は1），2）］は，参照目的のためだけに付記されている．
>   ISO/IEC 27000[1)]は，ISMSファミリ規格（ISO/IEC 27003, ISO/IEC 27004及びISO/IEC 27005を含む．）を参照しながら，ISMSの概要について記載し，用語及び定義について規定している．
>   **注[1)]** ISMSファミリ規格の用語及び定義については，JIS Q 27000が制定されている．

　"0.1　概要"の最初のパラグラフは，"この規格は，ISMSを確立し，実施し，維持し，継続的に改善するための要求事項を提供するために作成された．"と述べている．JIS Q 27001:2006では，"ISMSを確立，導入，運用，監視，レビュー，維持するためのモデルを提供するために作成された．"とされていたものが，今回の改正で言い換えられた．これは，旧版ではISMSの構築について，そのやり方となるプロセスまでを要求事項に組み込んでいたが，今回の改正では，何を行うべきかを要求事項として定め，それを実現するプロセスの構成は組織に委ねたためである．さらに，ISMSの採用については，組織の戦略的決定であると述べている．
　第2パラグラフは，ISMSは，リスクマネジメントプロセスを適用することで，適切にリスクを管理し，利害関係者への信頼を得るための仕組みであることを述べている．
　第3パラグラフは，ISMSを，組織のプロセス及びマネジメント構造全体の一部として組み込むことを強調している．また，ISMSを導入するに当たっては，その組織のニーズ及び目的に従って規模の調整を図ることが必要であると述べられている．これらは，ISMSを組織の事業にとって妥当で有効なものとするために重要な事項である．
　第4パラグラフは，JIS Q 27001:2006では"この規格は，組織内・外の利害関係者が適合性のアセスメントを行うために使用することができる．"とい

0　序　文

う記述であったが，今回の改正では，"適合性のアセスメントを行う"という方法手段ではなく，活用の場面を具体的に示す表現（"組織自身の情報セキュリティ要求事項を満たす組織の能力を，組織の内部で評価するためにも，また，外部関係者が評価するためにも用いることができる．"）にしている．

　第5パラグラフは，附属書SL*策定の狙いの一つでもある，"要求事項を達成するための方法を示す特定のモデルを記述しない，又は意味することをしない．"という原則を受けている．すなわち，"要求事項が組織によって実施すべき順序や順番をあらかじめ想定することはしない．特定の箇条の全ての活動が，別の箇条に示される活動に先んじて行われなければならないということを求めない．"ということを平易に示している．"要求事項は，どのように達成すべきかではなく何を達成すべきであるかを定義する．"のであり，原則として"どのようにするかは，マネジメントシステムを確立する組織が定める．"という考え方に基づいている．

　第6パラグラフは，JIS Q 27001:2006 では，引用規格を JIS Q 27002 としていたが，今回の改正では JIS Q 27000 としたことに関連する．JIS Q 27000 は，ISMS ファミリ規格を参照しながら，用語及び定義について規定している．JIS Q 27001:2006 では，JIS Q 27002 の中の用語及び定義で，JIS Q 27001 が参照する重要な用語があったが，今回の改正では，用語及び定義は全て JIS Q 27000 の中に所収されるようになった．

　なお，JIS Q 27001:2006 にあった"0.2.2　プロセスアプローチ"に該当する箇条がない構成となっている．これは，"要求事項を達成するための方法を示す特定のモデルを記述しない，又は意味することをしない．"という附属書SLの狙いを，この規格でも考慮したものである．有効なマネジメントシステムは，組織のプロセス管理の基盤として，"Plan-Do-Check-Act"モデルのプロセスを採用するものであることは，継続して考慮されている（附属書SL　SL5.2参照）．

---

*　"ISO/IEC 専門業務用指針　第1部　統合版 ISO 補足指針"の"附属書SL（規定）　マネジメントシステム規格の提案．汎用的なマネジメントシステム規格（MSS：Management System Standard）の策定について規定している．

第3章　要求事項の解説

――― JIS Q 27001：2014 ―

0.2　他のマネジメントシステム規格との両立性

　この規格は，ISO/IEC 専門業務用指針　第1部　統合版 ISO 補足指針の附属書 SL に規定する上位構造（HLS），共通の細分箇条題名，共通テキスト並びに共通の用語及び中核となる定義を適用しており，附属書 SL を採用した他のマネジメントシステム規格との両立性が保たれている．

　附属書 SL に規定するこの共通の取組みは，二つ以上のマネジメントシステム規格の要求事項を満たす一つのマネジメントシステムを運用することを選択する組織にとって有用となる．

　他のマネジメントシステム規格との両立性について，JIS Q 27001：2006 では，JIS Q 9001：2000（品質マネジメントシステム）及び JIS Q 14001：2004（環境マネジメントシステム）との調和がとられるように考慮されていた．今回の改正では，附属書 SL を採用することによって，同じく附属書 SL を採用する他の全てのマネジメントシステム規格と，"上位構造"，"共通テキスト"，"共通用語" を共有することとなり，より高い両立性が保たれるようになった．また，組織において，複数のマネジメントシステム規格の要求事項を満たす一つの統合マネジメントシステムを確立・運用することも可能としている．

● **"SD3（Standing Document 3）Mapping Old-New Editions of ISO/IEC 27001 and ISO/IEC 27002"について**

　JIS Q 27001：2014 発行に当たって，この規格を担当する標準化組織である ISO/IEC JTC 1/SC 27/WG 1 より，旧版である JIS Q 27001：2006，JIS Q 27002：2006 との新旧対比表 "N13143：SD3（Standing Document 3）Mapping Old-New Editions of ISO/IEC 27001 and ISO/IEC 27002" が発行された．これは，次のウェブサイトで公開されており，JIS Q 27001：2006，JIS Q 27002：2006 に沿った情報セキュリティマネジメントシステムを構築している

組織にとって有用な情報を提供している．

 http://www.jtc1sc27.din.de/cmd?level=tpl-bereich&languageid=en&cmsareaid=wg1sd3

附属書Aの新旧対応は，SD3の内容を本書付録に収録したので参照されたい．

JIS Q 27001：2006との対応関係及び差分については，本書でも触れているが，詳細はこのSD3を参照されたい．なおSD3では，"関連が示されている場合でも，その内容が同一であることを意味するわけではない．"と序文にあるとおり，対応関係が示されている場合でも，1対1の対応を意味するわけではないことに留意する必要がある．組織は，自らのISMSにおいて今回の変更の影響を評価する必要がある．

1　適用範囲

> ―― JIS Q 27001：2014 ――
> **1　適用範囲**
> 　この規格は，組織の状況の下で，ISMSを確立し，実施し，維持し，継続的に改善するための要求事項について規定する．この規格は，組織のニーズに応じて調整した情報セキュリティのリスクアセスメント及びリスク対応を行うための要求事項についても規定する．この規格が規定する要求事項は，汎用的であり，形態，規模又は性質を問わず，全ての組織に適用できることを意図している．組織がこの規格への適合を宣言する場合には，箇条4～箇条10に規定するいかなる要求事項の除外も認められない．

"1　適用範囲"では，この規格の適用について述べており，組織におけるISMSを確立，実施，維持及び継続的に改善するための要求事項と情報セキュリティのリスクアセスメント及びリスク対応を行うための要求事項を規定している．すなわち，企業や組織が所有し，管理，運用する情報及び情報に関連す

る資産の価値に見合うリスク対応の実施や，コンプライアンスの観点から法令等を順守し，それを維持するための枠組みの確立，実施，維持及び継続的改善を行うことを意味する．

また，この規格は，あらゆる形態及び規模の組織（例えば，営利企業，政府機関，非営利団体）に適用できることを意図していると記述し，様々な組織に対して適用できる汎用的な規定であるとしている．

JIS Q 27001:2014 では，箇条4から箇条10までに規定する要求事項は，組織において必ず実施するものであり，例外は認められない．これに対し，附属書A"管理目的及び管理策"の要求事項は，適用除外が可能となっている．附属書A"管理目的及び管理策"に規定された管理策の適用を除外する場合は，除外した理由が求められる．

JIS Q 27001:2006 では，"1　適用範囲"で，管理策の適用除外への言及が記載されていたが，今回の改正では，管理策の適用除外について"6.1.3　情報セキュリティリスク対応"に規定されており，重複を避けるために，"1　適用範囲"には記載されなくなった．

2　引用規格

───── JIS Q 27001:2014 ─

2　引用規格

次に掲げる規格は，この規格に引用されることによって，この規格の規定の一部を構成する．この引用規格は，その最新版（追補を含む．）を適用する．

JIS Q 27000　情報技術—セキュリティ技術—情報セキュリティマネジメントシステム—用語

注記　対応国際規格：ISO/IEC 27000, Information technology—Security techniques—Information security management systems—Overview and vocabulary（MOD）

引用規格は，この規格の規定の一部を構成するものであり，最新版を適用することが規定されている．JIS Q 27001:2006 では，引用規格は JIS Q 27002:2006 であったが，その後 JIS Q 27001:2006 が参照していた用語及び定義が JIS Q 27000 に移されたこと，また附属書 A に管理目的及び管理策を記載しており JIS Q 27002:2014 への参照は箇条 4 から箇条 10 からではなく附属書 A からであることにより，今回の改正で，引用規格は，JIS Q 27000 とされた．

なお，JIS Q 27000 は，ISMS に関連する，次のような用語及び定義を対象として規定している．

JIS Q 27000:2014

0.3 この規格の目的

この規格で規定している用語及び定義は，次のとおりである．

— ISMS ファミリ規格で共通して用いている用語及び定義を対象とする．

— ISMS ファミリ規格で適用している全ての用語及び定義を対象としているわけではない．

— 新しい用語を定義することについて，ISMS ファミリ規格を制限するものではない．

ISMS ファミリ規格については，次のとおり規定している．

JIS Q 27000:2014

0.3 この規格の目的

ISMS ファミリ規格には，次の規格が含まれる．

a) ISMS 及び ISMS を認証する機関に対する要求事項を規定する規格

b) ISMS を確立し，実施し，維持し，改善するためのプロセス全体に

> 関する直接的な支援，詳細な手引及び／又は解釈を提供する規格
> c) ISMSに関する分野固有の指針を取り扱う規格
> d) ISMSに関する適合性評価を取り扱う規格

また，この規格に記載されている用語及び定義は，次のように大別される．
— 情報セキュリティに関する用語
— リスクマネジメントに関する用語（JIS Q 0073:2010から引用）
— マネジメントシステムに関する用語（"ISO/IEC専門業務用指針　第1部　統合版ISO補足指針"附属書SL（規定）の"Appendix 2（規定）上位構造，共通の中核となる共通テキスト，共通用語及び中核となる定義"に規定する"3. 用語及び定義"から引用）

3　用語及び定義

―― JIS Q 27001:2014 ――
> **3　用語及び定義**
> この規格で用いる主な用語及び定義は，JIS Q 27000による．

JIS Q 27001:2006では，箇条3に用語及び定義を記述していた．今回の改正で，この規格で用いる用語及び定義は，全てJIS Q 27000:2014に規定することとなった．

4　組織の状況

―― JIS Q 27001:2014 ――
> **4.1　組織及びその状況の理解**
> 組織は，組織の目的に関連し，かつ，そのISMSの意図した成果を達

成する組織の能力に影響を与える，外部及び内部の課題を決定しなければならない．

注記 これらの課題の決定とは，JIS Q 31000:2010 の 5.3 に記載されている組織の外部状況及び内部状況の確定のことをいう．

"4.1 組織及びその状況の理解"では，組織が抱えている外部及び内部の状況を把握する必要があり，その中でも"ISMS の意図した成果"の達成に影響を及ぼす内外の課題を決定することが求められている．

ここで決定された組織の外部及び内部の課題は，"4.3 情報セキュリティマネジメントシステムの適用範囲の決定"へのインプットとなる [4.3 a)]．つまり，組織が ISMS を適用する範囲を決めるための要素となることから，これらをしっかりと把握しておくことが有効な ISMS を導入する上で重要となる．

外部状況としては，組織が置かれている地理的・社会的・経済的な環境，情報技術の発展と組織の業界におけるその利用状況及びそれに伴う情報セキュリティインシデントにさらされている状況，法令及び規制の順守の課題，利害関係者の情報セキュリティに関する要求事項や契約上の義務などが挙げられる．こうした組織外にあり，組織に対して影響をもたらす状況を明らかにし，把握することが求められる．

内部状況としては，方針，目的，組織体制，組織が背負っている社会的責任，組織の事業環境における情報化投資の状況や組織の情報セキュリティ文化などがある．

この 4.1 では，注記として JIS Q 31000:2010 の 5.3 を参照しており，JIS Q 27001:2014 の"外部及び内部の課題を決定しなければならない．"という要求事項を理解する上で参考になる．

JIS Q 31000:2010

5.3 組織の状況の確定
5.3.2 外部状況の確定

外部状況とは，組織が自らの目的を達成しようとする状態を取り巻く外部環境である．

外部状況を理解することは，リスク基準の策定の場合に，外部ステークホルダの目的及び関心事を考慮することを確実にするために重要である．これは，組織全体の状況に基づくものであるが，同時に，法律及び規制の特有な要求事項，ステークホルダの認知，並びにリスクマネジメントプロセスの適用範囲に特有なその他のリスクの側面に特有な事情を含むものである．

外部状況には，次の事項を含むことができる．ただし，これらに限らない．

— 国際，国内，地方又は近隣地域を問わず，社会及び文化，政治，法律，規制，金融，技術，経済，自然並びに競争の環境
— 組織の目的に影響を与える主要な原動力及び傾向
— 外部ステークホルダとの関係並びに外部ステークホルダの認知及び価値観

5.3.3 内部状況の確定

内部状況とは，組織が自らの目的を達成しようとする状態を取り巻く内部環境である．

リスクマネジメントプロセスは，組織の文化，プロセス，体制及び戦略と整合していることが望ましい．内部状況とは，組織がリスクを運用管理する方法に影響を及ぼすことがある組織内の全てを意味する．次のような理由から，内部状況を確定することが望ましい．

a) リスクマネジメントは，組織の目的に沿って実施される．
b) ある特定のプロジェクト，プロセス又は活動に関する目的及び基準

は，組織全体の目的に照らし合わせて考慮することが望ましい．
c) 組織によっては，自らの戦略的目的，プロジェクト目的又は事業目的を達成する機会を認識できないこともあり，このことが，現行の組織のコミットメント，信認，信頼及び価値に影響を与える．

内部状況を理解する必要がある．これらには，次の事項を含むことがある．ただし，これらに限らない．
— 統治，組織体制，役割及びアカウンタビリティ
— 方針，目的及びこれらを達成するために策定された戦略
— 資源及び知識として把握される能力（例えば，資本，時間，人員，プロセス，システム，技術）
— 内部ステークホルダとの関係並びに内部ステークホルダの認知及び価値観
— 組織の文化
— 情報システム，情報の流れ及び意思決定プロセス（公式及び非公式の両方を含む．）
— 組織が採択した規格，指針及びモデル
— 契約関係の形態及び範囲

ここで決定した組織内外の課題については，"6.1 リスク及び機会に対処する活動"における ISMS の計画を策定する際のインプットにもなり，この計画の中で組織が対処する必要があるリスク及び機会を決定することになる．

なお，附属書 SL を適用したことにより，JIS Q 27001:2014 には，JIS Q 27001:2006 にあった予防処置についての要求事項を規定する個別の箇条はない．しかし，これは"マネジメントシステム自体の目的の一つが予防的なツールの役目をもつため"(ISO/IEC 専門業務用指針　統合版 ISO 補足指針　附属書 SL の Appendix 3) であり，特にこの 4.1 と 6.1 の要求事項がセットで予

防処置の概念を網羅するとみなされている．予防処置の詳細については6.1.1で説明する．

JIS Q 27001:2014

4.2 利害関係者のニーズ及び期待の理解

組織は，次の事項を決定しなければならない．

a) ISMSに関連する利害関係者

b) その利害関係者の，情報セキュリティに関連する要求事項

　注記　利害関係者の要求事項には，法的及び規制の要求事項並びに契約上の義務を含めてもよい．

"4.2 利害関係者のニーズ及び期待の理解"では，ISMSに関連する利害関係者及びその情報セキュリティに関連する要求事項を決定することが求められている．利害関係者について，JIS Q 27000:2014では次のように定義している．

JIS Q 27000:2014

2.41 利害関係者（interested party）

ある決定事項若しくは活動に影響を与え得るか，その影響を受け得るか，又はその影響を受けると認識している，個人又は組織（2.57）．

利害関係者として，取引先の顧客，事業に必要なサービスを提供する供給者，組織の従業員，親会社など，組織の情報セキュリティの取組みに期待している者，情報セキュリティの取組みによって影響を受ける者などを，広い視点で洗い出す必要がある．利害関係者を決定するとともに，利害関係者のニーズなどを考慮し，情報セキュリティに関連する要求事項を決定する．例えば，取引先の顧客が国や地方自治体であり，その機密性の高い情報を取り扱うのであれば，国や地方自治体からの情報セキュリティに関する要求事項を考慮しなければならないことになる．

JIS Q 27001:2006 では，法的及び規制の要求事項並びに契約上の義務は 4.2.1 b) で要求されていた．JIS Q 27001:2014 では，これは利害関係者の要求事項［4.2 b)］に含まれており，維持されている．また，注記にも"法的及び規制の要求事項並びに契約上の義務を含めてもよい．"と記載されており，組織が利害関係者の利益のために，適用される法令及び規制の要求事項を特定し，順守状況を意識して，取り組むことは重要であると考えられる．

この 4.2 についても，"4.1 組織及びその状況の理解"と同様，"4.3 情報セキュリティマネジメントシステムの適用範囲の決定"，及び"6.1 リスク及び機会に対処する活動"における ISMS 計画策定へのインプットとなる．

JIS Q 27001:2014

4.3 情報セキュリティマネジメントシステムの適用範囲の決定

組織は，ISMS の適用範囲を定めるために，その境界及び適用可能性を決定しなければならない．

この適用範囲を決定するとき，組織は，次の事項を考慮しなければならない．

a) 4.1 に規定する外部及び内部の課題
b) 4.2 に規定する要求事項
c) 組織が実施する活動と他の組織が実施する活動との間のインタフェース及び依存関係

ISMS の適用範囲は，文書化した情報として利用可能な状態にしておかなければならない．

"4.3 情報セキュリティマネジメントシステムの適用範囲の決定"では，境界及び適用可能性を決定して，ISMS の適用範囲を決める必要がある．適用範囲を決める際には，4.1 で決定した外部及び内部の課題，4.2 で決定した利害関係者及びその利害関係者の情報セキュリティ要求事項を考慮するよう求めら

れている．JIS Q 27001:2006 では，4.2.1 a）で要求されていた事項であり，そこでは，"事業・組織・所在地・資産・技術の特徴の見地から，ISMS の適用範囲及び境界を定義する．"と記載されている．JIS Q 27001:2014 では，JIS Q 27001:2006 で述べられている見地だけでなく，"4.1 組織及びその状況の理解"，"4.2 利害関係者のニーズ及び期待の理解"で述べられている広い視点で適用範囲を決定する必要がある．

さらに，ISMS では，他の組織が実施する活動とのインタフェース及び依存関係を考慮することが求められている．事業を行う上で，あるプロセスを外部に委託することがある．例えば，事業で利用している業務システムの開発・保守を外部に委託している場合，境界をどう定義し，どこまでを ISMS の適用範囲に含めるかが重要となる．外部委託について，JIS Q 27000:2014 では次のように定義している．

JIS Q 27000:2014

2.58 外部委託する（outsource）

ある組織の機能又はプロセス（2.61）の一部を外部の組織（2.57）が実施するという取決めを行う．

　　注記 外部委託した機能又はプロセスはマネジメントシステム（2.46）の適用範囲内にあるが，外部の組織はマネジメントシステムの適用範囲の外にある．

業務プロセスの一部を外部委託する場合には，委託先で実施する活動とのインタフェースに注意して，適用範囲を決めることが重要である．

最後に，決定した ISMS の適用範囲は，文書化し，利用可能な状態にしておく必要がある．文書化した情報に関する一般的な要求事項は，7.5 で定めている．

4 組織の状況

JIS Q 27001:2014

4.4 情報セキュリティマネジメントシステム

組織は,この規格の要求事項に従って,ISMS を確立し,実施し,維持し,かつ,継続的に改善しなければならない.

"4.4 情報セキュリティマネジメントシステム"では,組織内に ISMS を確立し,実施し,維持し,かつ,継続的に改善することが求められている.マネジメントシステムについて,JIS Q 27000:2014 では次のように定義している.

JIS Q 27000:2014

2.46 マネジメントシステム(management system)

方針(2.60),目的(2.56)及び,その目的を達成するためのプロセス(2.61)を確立するための,相互に関連する又は相互に作用する,組織(2.57)の一連の要素.

注記1 一つのマネジメントシステムは,単一又は複数の分野を取り扱うことができる.

注記2 システムの要素には,組織の構造,役割及び責任,計画,運用などが含まれる.

注記3 マネジメントシステムの適用範囲としては,組織全体,組織内の固有で特定された機能,組織内の固有で特定された部門,複数の組織の集まりを横断する一つ又は複数の機能,などがあり得る.

JIS Q 27001:2014 は,この定義を受けて,情報セキュリティマネジメントシステムの要求事項を定めたものである.

また,附属書 SL には,"有効なマネジメントシステムは,通常,意図した成果を達成するために 'Plan-Do-Check-Act(PDCA)' のアプローチを用い

た組織のプロセス管理を基盤とする"との記述があり，附属書SLを適用したJIS Q 27001：2014でも，この4.4で示されているようにPDCAのアプローチがJIS Q 27001：2006から継続して考慮されている（ISO/IEC 専門業務用指針　統合版ISO補足指針　附属書SLの"SL5.2　MSS—マネジメントシステム規格"）．つまり，組織の目的を達成するためには，ISMSを単に確立，実施するだけでなく，組織内に確立したISMSが目的に対して問題なく実施できているかを評価して，継続的に改善していくことが重要になってくる．

5　リーダーシップ

──── JIS Q 27001：2014 ─

5.1　リーダーシップ及びコミットメント

　トップマネジメントは，次に示す事項によって，ISMSに関するリーダーシップ及びコミットメントを実証しなければならない．

a) 情報セキュリティ方針及び情報セキュリティ目的を確立し，それらが組織の戦略的な方向性と両立することを確実にする．
b) 組織のプロセスへのISMS要求事項の統合を確実にする．
c) ISMSに必要な資源が利用可能であることを確実にする．
d) 有効な情報セキュリティマネジメント及びISMS要求事項への適合の重要性を伝達する．
e) ISMSがその意図した成果を達成することを確実にする．
f) ISMSの有効性に寄与するよう人々を指揮し，支援する．
g) 継続的改善を促進する．
h) その他の関連する管理層がその責任の領域においてリーダーシップを実証するよう，管理層の役割を支援する．

　ISMSにおける様々な活動が実施されていることについて，トップマネジメントの果たすべき役割は非常に重要である．ISMSを推進し，関係者の意識向

上を図るためには,トップマネジメントの強力なリーダーシップとコミットメントが不可欠だからである.

"5.1 リーダーシップ及びコミットメント"では,トップマネジメントがどのような事項によってそのリーダーシップとコミットメントを実証しなければならないかについて定めている.

トップマネジメントはまず,ISMSの方向性を示す情報セキュリティ方針を確立する[5.1 a)]ことが求められる(情報セキュリティ方針については,"5.2 方針"で説明する).次に,情報セキュリティ目的を確立し,それらを組織の戦略的な方向性と両立させる[5.1 a)]ことが求められる.このように,情報セキュリティ方針・目的が組織の戦略的な方向性と一致していることは,ISMSを推進していく上でも,効果的なISMSを構築する上でも重要な要因となる.

また,組織のプロセスへのISMS要求事項の統合を確実にする[5.1 b)]ことも,トップマネジメントに求められている.これは,組織の戦略的な方向性と一致した情報セキュリティ目的の達成には,組織のプロセスに合ったISMSを導入することが重要となるためである.この統合が行われず,組織のプロセスとISMS要求事項のプロセスが別々になってしまうと,ISMSを運用することが組織にとって重荷になってしまい,導入したISMSが形骸化してしまうおそれがある.

そして,必要な資源を確保し[5.1 c)],組織の従業員がISMS要求事項へ適合する意味を認識させ[5.1 d)],ISMSの有効性に寄与するように従業員を支援する[5.1 e)]などによって,ISMSへの積極的な関与を示すことがトップマネジメントに求められる.これらはISMSを運用していく上で重要な要因であり,"7.1 資源","7.3 認識"に関連してくる要求事項である.また,管理層が所属する部門・担当するプロジェクトなどでリーダーシップを発揮できるように,その役割を支援する[5.1 h)]ことも求められている.

最後に,トップマネジメントは,ISMSが意図した成果を達成できる[5.1 e)]ように,自ら責任をもって推進していく必要がある.また,意図した成果が達

成できない状況であれば，継続的に改善していく［5.1 g)］ことに責任をもたなければならない．

トップマネジメントについて，JIS Q 27000:2014 では次のように定義している．

JIS Q 27000:2014

2.84　トップマネジメント（top management）
　最高位で組織（2.57）を指揮し，管理する個人又は人々の集まり．
　　注記1　トップマネジメントは，組織内で，権限を委譲し，資源を提供できる力をもっている．
　　注記2　マネジメントシステム（2.46）の適用範囲が組織（2.57）の一部だけの場合，トップマネジメントとは，組織（2.57）内のその一部を指揮し，管理する人をいう．

ISMS を効果的に運用するためにも，"5　リーダーシップ" の要求事項を実施する権限をもつ人がトップマネジメントに就き，ISMS の運用に積極的に関与していく必要がある．

JIS Q 27001:2014

5.2　方針
　トップマネジメントは，次の事項を満たす情報セキュリティ方針を確立しなければならない．
　a)　組織の目的に対して適切である．
　b)　情報セキュリティ目的（6.2 参照）を含むか，又は情報セキュリティ目的の設定のための枠組みを示す．
　c)　情報セキュリティに関連する適用される要求事項を満たすことへのコミットメントを含む．
　d)　ISMS の継続的改善へのコミットメントを含む．

> 情報セキュリティ方針は，次に示す事項を満たさなければならない．
> e) 文書化した情報として利用可能である．
> f) 組織内に伝達する．
> g) 必要に応じて，利害関係者が入手可能である．

"5.2 方針"では，トップマネジメントに対して，情報セキュリティに対する組織の方針を確立することを要求している．この方針を策定するのは，前述［5.1 a)］のとおりトップマネジメントの役割である．方針について，JIS Q 27000:2014 では次のように定義している．

---- JIS Q 27000:2014 ----
2.60 方針（policy）
トップマネジメント（2.84）によって正式に表明された組織（2.57）の意図及び方向付け．

情報セキュリティ方針は，情報セキュリティに対する組織の意図を示し，方向付けをするものであり，組織の目的と整合をとる［5.2 a)］必要がある．

この情報セキュリティ方針では，"6.2 情報セキュリティ目的及びそれを達成するための計画策定"で決定する情報セキュリティ目的を含むか，又は情報セキュリティ目的の設定のための枠組みを示す［5.2 b)］ことが求められている．6.2 では，情報セキュリティ目的は情報セキュリティ方針と整合する［6.2 a)］ことが求められており，組織にとって有益な情報セキュリティ目的を設定するためにも，ここで組織の事業目的に沿った情報セキュリティ方針を策定する必要がある．

そして，トップマネジメントは，自ら ISMS の運用に積極的に関与すること（コミットメント）を情報セキュリティ方針で表明しなければならない［5.2 c)，d)］．情報セキュリティに対する組織の取組み姿勢の定着にトップマネジ

メントが積極的に関与し，その責任のもとに継続的な改善を行うことにより，情報セキュリティは組織の文化として定着していく．

また，情報セキュリティについての意識が浸透している組織では，突発的な事態に対して要員がトップマネジメントの意図する行動を自然にとることが期待される．これは，めまぐるしく変化する環境においては非常に重要なポイントである．そのため，トップマネジメントが確立した情報セキュリティ方針を文書化して利用可能とし [5.2 e]，組織内に伝達し [5.2 f]，各従業員がそれに従って行動できるように組織内の意識を高めることが必要となる．逆に，各従業員が方針を理解せず，各々の感覚で情報セキュリティに取り組んでしまった場合，組織としてのISMSに綻びが生まれ，情報漏えいなどが起きてしまう可能性がある．

また，利害関係者が必要に応じて情報セキュリティ方針を入手可能にしておく [5.2 g]ことも必要である．

JIS Q 27001:2006 では，上位概念の ISMS 基本方針（ISMS policy）と下位概念の情報セキュリティ基本方針（information security policy）の二つがあったが，JIS Q 27001:2014 では，これらを区別することなく情報セキュリティ方針（information security policy）としている．JIS Q 27001:2014 では，方針は ISO のマネジメントシステム規格共通の要求事項になり，他のマネジメントシステムの方針と整合するような要求事項となっている．JIS Q 9001:2008 の品質方針では，次のように要求している．

JIS Q 9001:2008

5.3 品質方針

トップマネジメントは，品質方針について，次の事項を確実にしなければならない．

a) 組織の目的に対して適切である．

b) 要求事項への適合及び品質マネジメントシステムの有効性の継続的な改善に対するコミットメントを含む．

c) 品質目標の設定及びレビューのための枠組みを与える．
d) 組織全体に伝達され，理解される．
e) 適切性の持続のためにレビューされる．

なお，今後，JIS Q 9001（品質マネジメントシステム），JIS Q 14001（環境マネジメントシステム）も附属書 SL を適用する方向であり，マネジメントシステムの共通化が進展するとともに，よりいっそう整合したものとなっていく見込みである．

――――――――――――――――――――――― JIS Q 27001：2014 ―

5.3 組織の役割，責任及び権限

トップマネジメントは，情報セキュリティに関連する役割に対して，責任及び権限を割り当て，伝達することを確実にしなければならない．

トップマネジメントは，次の事項に対して，責任及び権限を割り当てなければならない．

a) ISMS が，この規格の要求事項に適合することを確実にする．
b) ISMS のパフォーマンスをトップマネジメントに報告する．
  注記 トップマネジメントは，ISMS のパフォーマンスを組織内に報告する責任及び権限を割り当ててもよい．

"5.3 組織の役割，責任及び権限"では，ISMS における役割・責任・権限を明確にし，これを割り当て，各従業員に伝えることが求められている．組織について，JIS Q 27000：2014 では次のように定義している．

――――――――――――――――――――――― JIS Q 27000：2014 ―

2.57 組織（organization）

自らの目的（2.56）を達成するため，責任，権限及び相互関係を伴う独

自の機能をもつ，個人又は人々の集まり．

> 注記　組織という概念には，法人か否か，公的か私的かを問わず，自営業者，会社，法人，事務所，企業，当局，共同経営会社，非営利団体若しくは協会，又はこれらの一部若しくは組合せが含まれる．ただし，これらに限定するものではない．

　組織が自らの情報セキュリティ目的に向かって活動するためには，役割を決め，それに対する責任及び権限を割り当てることは重要なことである．自分がISMSでどのような役割を担い，どこまでする責任があるのか明確になっていなければ，各従業員は何をしたらよいか迷うか，何もせずに終わってしまうだろう．このような状況に陥らないためにも，トップマネジメントが情報セキュリティに関連する役割を決め，それに対する責任と権限を割り当てたことを組織内に周知する必要がある．

　さらに，ここでは，二つの責任及び権限について，明確に要求している．

　一つは，ISMSがこの規格の要求事項に適合することを確実にするための責任者を割り当てることである［5.3 a)］．この責任者はISMSを運用する上で推進役となるので，各従業員が責任者に協力していくためにも，トップマネジメントが責任者を支援していくこと［5.1 f)，h)］は重要である．

　もう一つは，ISMSのパフォーマンスの状況をトップマネジメントに報告する責任者である［5.3 b)］．組織に導入されたISMSが有効に実施されているかは，トップマネジメントの重大な関心事である．トップマネジメントは，この報告を受け，目的達成に障害があると判断すれば，それに対して手を打つことができる．そのためにも，組織のISMSのパフォーマンス状況を定期的に報告することに責任をもつ人を任命することは重要である．

　なお，注記では，ISMSのパフォーマンスを組織内に報告する人を割り当ててもよいとなっている．これは，パフォーマンスについて，トップマネジメントだけでなく，組織全体にも報告してよいことを示している．組織内の従業員

に自組織のISMSの状況を伝えることは,ISMSに対する従業員の意識向上の一つの手段となり得る.ISMSのパフォーマンスの現状を把握することによって,パフォーマンス向上のために自分がどのように貢献できるかを考えるきっかけとなるためである.これにより,この規格の"7.3　認識"で組織の管理下で働く人々に要求される,ISMSの有効性に対する自らの貢献を認識することを満たすことにもつながることから,組織内へのパフォーマンス報告は要員の意識向上において有効であると考える.

6　計　画

この箇条は,"6.1　リスク及び機会に対処する活動"及び"6.2　情報セキュリティ目的及びそれを達成するための計画"からなる.

6.1　リスク及び機会に対処する活動

リスク及び機会に対処する活動は,"6.1.1　一般","6.1.2　情報セキュリティリスクアセスメント"及び"6.1.3　情報セキュリティリスク対応"で構成されている.

"リスク"の定義は次のとおりである.

JIS Q 27000:2014

2.68　リスク（risk）

目的に対する不確かさの影響.

（JIS Q 0073:2010 の 1.1 参照）

　注記1　影響とは,期待されていることから,好ましい方向又は好ましくない方向にかい（乖）離することをいう.

　注記2　不確かさとは,事象（2.25）,その結果（2.14）又はその起こりやすさ（2.45）に関する,情報,理解又は知識が,たとえ部分的にでも欠落している状態をいう.

> 注記3　リスクは，起こり得る事象（2.25），結果（2.24）又はこれらの組合せについて述べることによって，その特徴を記述することが多い．
>
> 注記4　リスクは，ある事象（周辺状況の変化を含む．）の結果（2.14）とその発生の起こりやすさ（2.45）との組合せとして表現されることが多い．
>
> 注記5　ISMSの文脈においては，情報セキュリティリスクは，情報セキュリティ目的に対する不確かさの影響として表現することがある．
>
> 注記6　情報セキュリティリスクは，脅威（2.83）が情報資産のぜい弱性（2.89）又は情報資産グループのぜい弱性（2.89）に付け込み，その結果，組織に損害を与える可能性に伴って生じる．

　JIS Q 27001:2006 においては，"リスク"の定義は"事象の発生確率と事象の結果との組み合わせ"であった（実際には JIS Q 27001:2006 には"リスク"の定義はなかったが，リスクに関連する他の用語の定義とあわせて，TR Q 0008:2003 における用語定義を使用していた．）．今回の改正において，"リスク"は目的との関係で定義され，リスク対応が目的の達成に直接につながりをもつことが明確にされた．

　JIS Q 27001:2014 では，リスクマネジメントあるいは情報セキュリティリスクマネジメントに関する要求事項が箇条6及び箇条8（8.2及び8.3）にある．箇条6ではその計画について，箇条8ではその実施について規定している．

──────── JIS Q 27001:2014

6.1.1　一般

　ISMS計画を策定するとき，組織は，4.1に規定する課題及び4.2に規

定する要求事項を考慮し，次の事項のために対処する必要があるリスク及び機会を決定しなければならない．
  a) ISMS が，その意図した成果を達成できることを確実にする．
  b) 望ましくない影響を防止又は低減する．
  c) 継続的改善を達成する．

組織は，次の事項を計画しなければならない．
  d) 上記によって決定したリスク及び機会に対処する活動
  e) 次の事項を行う方法
    1) その活動の ISMS プロセスへの統合及び実施
    2) その活動の有効性の評価

　この"6.1.1　一般"は，"4.1　組織及びその状況の理解"で決定した組織の外部及び内部の課題及び"4.2　利害関係者のニーズ及び期待の理解"で決定した利害関係者及びその情報セキュリティに関する要求事項を考慮に入れて，対処する必要があるリスク及び機会を決定するプロセスである．このとき，続いて示されている a)，b) 及び c) のために対処する必要があるリスク及び機会を決定することを求めている．
　"リスク及び機会"という用語が使われ始めたのは，エンタープライズ・リスクマネジメントのフレームワーク草案時（2003 年）のことである．リスクは，企業をめぐる事象の中で，悪影響を与えるものと定義されてきたが，この草案で，リスクマネジメントの対象に好影響を与える"機会"も含めることとした．この考え方を受けて，一般的なリスクマネジメントの用語及び定義を規定する JIS Q 0073:2010 で，リスクの定義に好ましい方向への影響を含め，JIS Q 27000 でもこれを採用した（前出，リスクの定義の注記 1）．リスクには機会も含むため，附属書 SL 及び JIS Q 27001:2014 の 6.1 の標題等に見られる"リスク及び機会"という表現には意味の重複がある．なお，JIS Q 27000 で

も，JIS Q 0073でも"機会"の用語定義をしていないから，その意味は，"機会"の原文である"opportunity"の通常の辞書の意味である"何か実現が見込める好ましい時機や状況"と理解すればよいだろう．

また，リスク及び機会への対応には，予防処置が含まれている．このことについて，ISOマネジメントシステム共通要素を規定した専門業務用指針に次の指針がある．

全般的コメント

　この上位構造及び共通テキストには，"予防処置"の特定の要求事項に関する箇条がない．これは，正式なマネジメントシステムの重要な目的の一つが，予防的なツールとしての役目をもつためである．したがって，上位構造及び共通テキストは，4.1において，組織の，"目的に関連し，意図した成果を達成する組織の能力に影響を与える，外部及び内部の課題"の評価を要求し，さらに6.1において，"XXXマネジメントシステムが，その意図した成果を達成できることを確実にすること；望ましくない影響を防止，又は低減すること；継続的改善を達成すること，に取り組む必要のあるリスク及び機会を決定すること"を要求している．これらの二つの要求事項はセットで"予防処置"の概念を網羅し，かつ，リスク及び機会を見るような，より広い観点をもつとみなされる．

　　　　　　　　　　　ISO/IEC専門業務用指針　統合版ISO補足指針
　　　　　　　Appendix 3（参考）上位構造，共通の中核となるテキスト，
　　　　　　　　　　並びに共通用語及び中核となる定義に関する手引

　これまでのISOのマネジメントシステムの"予防処置"は，発生し得る不適合の未然防止を図るものであり，不適合のもつ影響を検討し，それに見合う処置を行うことが重要であるとされてきた．これに対し，改正版では，マネジメントシステムがその全体で予防処置を含むものとなり，特に，リスク及び機

会の決定が予防処置の重要な部分とされた．

　組織は，決定したリスク及び機会に対処する活動を計画し，必要なプロセス及び手順を整備する［6.1.1 d)］．そのプロセスを ISMS のプロセスに組み込み，"8.1　運用の計画及び管理"に基づく運用に備える［6.1.1 e) 1)］．また，そのプロセスの有効性を評価する方法を決定し，"9.1　監視，測定，分析及び評価"が可能なようにする準備する［6.1.1 e) 2)］．

―― JIS Q 27001：2014 ――

6.1.2　情報セキュリティリスクアセスメント

　組織は，次の事項を行う情報セキュリティリスクアセスメントのプロセスを定め，適用しなければならない．

a) 次を含む情報セキュリティのリスク基準を確立し，維持する．
  1) リスク受容基準
  2) 情報セキュリティリスクアセスメントを実施するための基準
b) 繰返し実施した情報セキュリティリスクアセスメントが，一貫性及び妥当性があり，かつ，比較可能な結果を生み出すことを確実にする．
c) 次によって情報セキュリティリスクを特定する．
  1) ISMS の適用範囲内における情報の機密性，完全性及び可用性の喪失に伴うリスクを特定するために，情報セキュリティリスクアセスメントのプロセスを適用する．
  2) これらのリスク所有者を特定する．
d) 次によって情報セキュリティリスクを分析する．
  1) 6.1.2 c) 1) で特定されたリスクが実際に生じた場合に起こり得る結果についてアセスメントを行う．
  2) 6.1.2 c) 1) で特定されたリスクの現実的な起こりやすさについてアセスメントを行う．
  3) リスクレベルを決定する．

> e) 次によって情報セキュリティリスクを評価する．
> 　1) リスク分析の結果と 6.1.2 a) で確立したリスク基準とを比較する．
> 　2) リスク対応のために，分析したリスクの優先順位付けを行う．
>
> 組織は，情報セキュリティリスクアセスメントのプロセスについての文書化した情報を保持しなければならない．

"情報セキュリティリスクアセスメント"は，ISO のマネジメントシステム規格共通のものでない ISMS 固有の要求事項である．情報セキュリティのリスク基準を確立し，維持すること及び JIS Q 31000 に整合のとれたリスクアセスメントプロセスを定め，適用することを規定している．

　リスクアセスメントでは，リスク基準を確立し，維持する必要がある．"リスク基準"の用語の定義は次のとおりである．

---- JIS Q 27000:2014 ----

2.73 リスク基準（risk criteria）
リスク（2.68）の重大性を評価するための目安とする条件．
（JIS Q 0073:2010 の 3.3.1.3 参照）
　注記1　リスク基準は，組織の目的，外部状況及び内部状況に基づいたものである．
　注記2　リスク基準は，規格，法律，方針及びその他の要求事項から導き出されることがある．

● **リスク基準の確立及び維持 [6.1.2 a)]**
　決定するリスク基準は，リスク受容基準と情報セキュリティリスクアセスメントを実施するための基準を含まなければならない．"リスク受容"の定義は次のとおりである．

---- JIS Q 27000：2014 ----

2.69　リスク受容（risk acceptance）

ある特定のリスク（2.68）をとるという情報に基づく意思決定．
（JIS Q 0073：2010 の 3.7.1.6 参照）

注記1　リスク対応（2.79）を実施せずにリスク受容となることも，又はリスク対応プロセス中にリスク受容となることもある．

注記2　受容されたリスクは，モニタリング［監視（2.52）］及びレビュー（2.65）の対象となる．

"リスク受容基準"は，リスクを評価［6.1.2 e)］する際の比較対象であり，また，情報セキュリティリスク対応（6.1.3）において達成目標とする基準である．定性的あるいは定量的な基準として決定することになる．

情報セキュリティリスクアセスメントを実施するための基準には，リスクの種類，リスクの測定方法，起こりやすさの規定方法，リスクの算定方法及びリスクレベルの記述方法などがある．

8.2 で"組織は，あらかじめ定めた間隔で，又は重大な変更が提案されたか若しくは重大な変化が生じた場合に，6.1.2 a）で確立した基準を考慮して，情報セキュリティリスクアセスメントを実施しなければならない．"としているから，実施する間隔や重大な変化と判断する条件を，情報セキュリティリスクアセスメントを実施するための基準として決定しておく必要がある．

●リスク基準の一貫性，妥当性及び比較可能性　[6.1.2 b)]

リスクアセスメントは，繰り返し実施されるものである．繰り返し行われるリスクアセスメントが，一貫性及び妥当性をもち，かつ，比較可能な結果を生み出すように，一貫したリスク基準を適用するとともに，妥当性を確保するために継続的にレビューすることが重要である．

"6.1.2 情報セキュリティリスクアセスメント"の中で c) から e) の各規

定は，JIS Q 31000 で定める"リスクの特定"，"リスク分析"及び"リスク評価"の各プロセスに対応している．図 3.1 に JIS Q 31000 に規定しているリスクマネジメントのプロセスを示す．

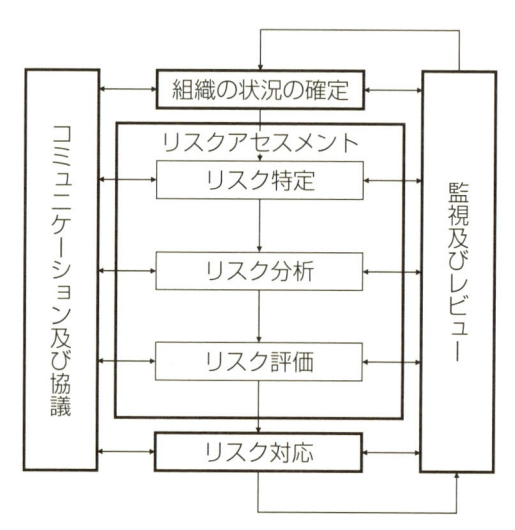

図 3.1 JIS Q 31000 のリスクマネジメントプロセス

リスクアセスメントプロセスは，
　"リスク特定"
　"リスク分析"
　"リスク評価"
で構成されている．

●情報セキュリティリスクの特定 ［6.1.2 c)］

---- JIS Q 27000:2014 ----
2.75 リスク特定（risk identification）
　リスク（2.68）を発見，認識及び記述するプロセス．

6 計　画　　　　　　　　　　　73

（JIS Q 0073：2010 の 3.5.1 参照）
　注記1　リスク特定には，リスク源，事象，それらの原因及び起こり得る結果の特定が含まれる．
　注記2　リスク特定には，過去のデータ，理論的分析，情報に基づいた意見，専門家の意見及びステークホルダのニーズを含むことがある．

　"リスク特定"では，リスク源，情報セキュリティ事象及び起こり得る結果を特定して，包括的なリスク一覧を作成する．ここで，包括的な一覧を作成することが極めて重要である．特定されなかったリスクは，その後のリスク分析の対象から外れ，結果的に必要な情報セキュリティリスク対応が実施できなくなるからである．
　"ISMSの適用範囲内における情報の機密性，完全性及び可用性の喪失に伴うリスクを特定するために，情報セキュリティリスクアセスメントのプロセスを適用する"と規定している［6.1.2 c) 1)］．情報セキュリティリスクが情報の機密性，完全性及び可用性の喪失に由来するものであることをこの要求事項で確認し，情報セキュリティリスクアセスメントプロセスを適用して情報セキュリティリスクを特定することを規定している．
　"リスク源"の用語は，JIS Q 0073：2010 に定義されている．

JIS Q 0073：2010

3.5.1.2　リスク源（risk source）
　それ自体又はほかとの組合せによって，リスク (1.1) を生じさせる力を本来潜在的にもっている要素．
　　注記　リスク源は，有形の場合も無形の場合もある．

　情報セキュリティに関わるリスク源には，"脅威"及び"ぜい弱性"が含ま

れる．ただし，リスク源は定義のとおり広い意味をもつ．外部の状況や組織の存在自体が，リスク源になり得る．また，人，内部組織，機器やサービスなどであって情報に関連する多くの資産も，リスク源に該当し得る．情報セキュリティリスクの特定においては，目的に照らして妥当な範囲のリスク源を考慮の対象に含めることになる．

　6.1.2 c) 2) において特定することを求めている"リスク所有者"の定義は，次のとおりである．

---- JIS Q 27000:2014 ----

2.78　リスク所有者（risk owner）
　リスク（2.68）を運用管理することについて，アカウンタビリティ及び権限をもつ人又は主体．
　（JIS Q 0073:2010 の 3.5.1.5 参照）

　リスク所有者の特定に当たっては，後出の 6.1.3 f) において"情報セキュリティリスク対応計画及び残留している情報セキュリティリスクの受容について，リスク所有者の承認を得る．"と定めていることに注意する必要がある．この役割を考慮して，リスク所有者を特定することになる．また，附属書 A の"A.8 資産の管理"において，管理策として"A.8.1.2　資産の管理責任"が規定されている．そのリスク所有者との関係について，A.8.1.2 の注記で"6.1.2 及び 6.1.3 では，情報セキュリティのリスクを運用管理することについて，責任及び権限をもつ人又は主体をリスク所有者としている．情報セキュリティにおいて，多くの場合，資産の管理責任を負う者は，リスク所有者でもある．"としている．

● **情報セキュリティリスクの分析［6.1.2 d］**
　"リスク分析"の定義は次のとおりである．

6　計　画　　　　　　　　　　　　　　　　75

JIS Q 27000:2014

2.70　リスク分析（risk analysis）

リスク（2.68）の特質を理解し，リスクレベル（2.44）を決定するプロセス．

（JIS Q 0073:2010 の 3.6.1 参照）

注記1　リスク分析は，リスク評価（2.74）及びリスク対応（2.79）に関する意思決定の基礎を提供する．

注記2　リスク分析は，リスク算定を含む．

　情報セキュリティリスクの分析においては，次の二つの面でアセスメントを行う．一つは，6.1.2 c）で特定したそれぞれのリスクについて，実際に情報漏洩，情報の毀損や情報処理の停止などの事故に至った場合に起こり得る結果を想定するアセスメントである．想定する結果は，例えば，損害金額，業務の中断，顧客へのサービスの不具合など多様なものが考えられるが，次に行う情報セキュリティリスクの評価のために，具体的に記述する必要がある．もう一つは，それぞれのリスクについて，事故の起こりやすさを想定するアセスメントである．想定する結果は，期間当たりの頻度で表すことが考えられる．これも，次に行う情報セキュリティリスクの評価のために，具体的な数値で記述することが望ましい．これらの二つの面でのアセスメントをあわせて，それぞれのリスクについてその大きさの想定ができる．

　JIS Q 27001:2006 では，情報セキュリティリスクの特定，分析及び評価において，資産の特定，資産に対する脅威の特定，及び脅威がつけこむかもしれないぜい弱性の特定に基づき，情報セキュリティリスクのアセスメントを行うことを求めている［JIS Q 27001:2006, 4.2.1, d）及び e）］．この方法は，JIS Q 27001:2014 におけるリスクについての"起こり得る結果"と"起こりやすさ"に基づくアセスメントの要求事項に対して，その具体的な実施方法の一つを示したものである．したがって，組織で JIS Q 27001:2006 に基づい

て実施していた情報セキュリティリスクの特定，分析及び評価のプロセスは，JIS Q 27001：2014 にも合致するものであり，引き続き有効である．さらに，今回の改正で，情報セキュリティリスクアセスメントの方法について，組織の選択が広がることとなった．インターネットを通した外部からの攻撃，情報システムの障害，内部者の誤操作や不正などのリスクのアセスメントを行う場合，個々の資産と脅威，ぜい弱性の評価を積み上げる方法ではなく，組織における情報の取扱いや管理の状況に照らして評価する方法が適する場合も多い．

　リスクレベルは，リスク受容基準と比較できるようにする必要がある．定性的あるいは定量的にリスクレベルが決定されることになる．

●情報セキュリティリスクの評価［6.1.2 e)］
"リスク評価"の用語を次のように定義している．

JIS Q 27000：2014

2.74　リスク評価（risk evaluation）

　リスク（2.68）及び／又はその大きさが，受容可能か又は許容可能かを決定するために，リスク分析（2.70）の結果をリスク基準（2.73）と比較するプロセス（2.61）．

　（JIS Q 0073：2010 の 3.7.1 参照）

　　注記　リスク評価は，リスク対応（2.79）に関する意思決定を手助け
　　　　　する．

　リスク分析の結果として得られたリスクごとのリスクレベルは，例えば，情報及び情報処理施設に関連する資産別，機密性・完全性・可用性の別，で区分し，把握されることとなる．

　リスク評価の結果，リスク対応のために，リスクの優先順位付けをしておくこととなる．

　情報セキュリティリスクアセスメントのプロセスについては，文書化した情

報を保持しなければならない．

　JIS Q 27001:2006 では，関連するリスクマネジメントの指針は ISO/IEC 27005:2008 であった（当初，JIS Q 27001:2006 に関連するリスクマネジメントの指針に TR X 0036-3 があったが，これが廃止され，それに代わって ISO/IEC 27005:2008 が制定された．）．これに対し，JIS Q 27001:2014 では，JIS Q 31000 に整合性のあるリスクマネジメントのプロセスを規定しており，関連する指針として参照することができる．リスクアセスメントの方法についての要求事項から"脅威"，"ぜい弱性"の特定を含む方法の指定はなくなり，"情報の機密性，完全性及び可用性の喪失に伴うリスクの特定"などの，実施する事項を示す要求事項となっている．また，リスク特定，リスク分析，リスク評価の定義が変わっているが，リスクアセスメントの要求事項は，JIS Q 27001:2006 から JIS Q 27001:2014 へ継承されている．JIS Q 27001:2006 に基づき組織で実施していた脅威，ぜい弱性に基づくリスクアセスメントは，JIS Q 27001:2014 に基づき実施するリスクアセスメント又はその一部となる．JIS Q 27001:2014 ではリスクを情報セキュリティ目的との関係で定義していることによって，脅威，ぜい弱性とは別の観点から把握するリスクも認識することに注意する必要がある．また，JIS Q 31000 のリスクマネジメントプロセスと整合性のあるプロセスを適用することは，組織が行っている他のリスクマネジメントの方法と整合させる上で利点がある．

―――― JIS Q 27001:2014 ――

6.1.3　情報セキュリティリスク対応

　組織は，次の事項を行うために，情報セキュリティリスク対応のプロセスを定め，適用しなければならない．

a) リスクアセスメントの結果を考慮して，適切な情報セキュリティリスク対応の選択肢を選定する．

b) 選定した情報セキュリティリスク対応の選択肢の実施に必要な全ての管理策を決定する．

注記　組織は，必要な管理策を設計するか，又は任意の情報源の中から管理策を特定することができる．

c) 6.1.3 b) で決定した管理策を附属書Aに示す管理策と比較し，必要な管理策が見落とされていないことを検証する．

注記1　附属書Aは，管理目的及び管理策の包括的なリストである．この規格の利用者は，必要な管理策の見落としがないことを確実にするために，附属書Aを参照することが求められている．

注記2　管理目的は，選択した管理策に暗に含まれている．附属書Aに規定した管理目的及び管理策は，全てを網羅してはいないため，追加の管理目的及び管理策が必要となる場合がある．

d) 次を含む適用宣言書を作成する．
— 必要な管理策［6.1.3のb) 及びc) 参照］及びそれらの管理策を含めた理由
— それらの管理策を実施しているか否か
— 附属書Aに規定する管理策を除外した理由

e) 情報セキュリティリスク対応計画を策定する．

f) 情報セキュリティリスク対応計画及び残留している情報セキュリティリスクの受容について，リスク所有者の承認を得る．

組織は，情報セキュリティリスク対応のプロセスについての文書化した情報を保持しなければならない．

注記　この規格の情報セキュリティリスクアセスメント及びリスク対応のプロセスは，JIS Q 31000 に規定する原則及び一般的な指針と整合している．

"情報セキュリティリスク対応"は,附属書 SL で定めている共通テキストにない,ISMS 固有の要求事項である. a) 以下に規定する要求事項に適合する情報セキュリティリスク対応のプロセスを定め,適用することを求めている.

●情報セキュリティリスク対応の選択肢の選定［**6.1.3 a**)］

6.1.2 に従って実施した情報セキュリティリスクアセスメントの結果を考慮して,情報セキュリティリスク対応のプロセスを定め,適用する.情報セキュリティリスク対応の選択肢については,次に引用するリスク対応の定義の注記1に七つの選択肢の説明があり,参考になる.この選択肢は,注記に記載されているので,この規格の要求事項ではない.また,この選択肢は JIS Q 31000 の指針に合致している.

JIS Q 27001:2006 では,その 4.2.1 f) において,リスク対応の四つの選択肢が規定されていた.

JIS Q 27000:2014

2.79 リスク対応(risk treatment)

リスク (2.68) を修正するプロセス (2.61).

(JIS Q 0073:2010 の 3.81 参照)

注記 1 リスク対応には,次の事項を含むことがある.

— リスクを生じさせる活動を,開始又は継続しないと決定することによって,リスクを回避すること.

— ある機会を追求するために,リスクをとる又は増加させること.

— リスク源を除去すること.

— 起こりやすさを変えること.

— 結果を変えること.

— 一つ以上の他者とリスクを共有すること(契約及びリスクファイナンシングを含む.).

— 情報に基づいた選択によって,リスクを保有すること.
注記2　好ましくない結果に対処するリスク対応は,"リスク軽減","リスク排除","リスク予防"及び"リスク低減"と呼ばれることがある.
注記3　リスク対応が,新たなリスクを生み出したり,又は既存のリスクを修正したりすることがある.

● **管理策の決定［6.1.3 b）］**

6.1.3 a）で選定した情報セキュリティリスク対応の選択肢の実施に必要な管理策を決定する.このとき,組織が既に採用している管理策を考慮することになる.必要な管理策は,新たに設計しても,既存のガイドライン等の情報源を活用してその中から決定してもよい.

なお,6.1.3 a）で選定した選択肢は,全てが管理策によって実施されるのではないことに注意する必要がある.例えば,七つの選択肢の最初にあるリスクの回避を,ある事業活動を実施しないという決定や,ある業務プロセスをIT化しないという決定で実施することがある.これらの決定は,情報セキュリティの管理策ではなく,次の6.1.3 c）で求めているように附属書Aの管理策と比較して検証するものではない.

● **附属書Aとの比較による管理策の検証［6.1.3 c）］**

その後に,6.1.3 b）で決定した管理策をJIS Q 27001:2014の附属書Aにある管理策と比較し,見落としがないことを検証する.

法令,規制及び契約上の要求事項に対応するという管理策は,必ずしもリスクアセスメントプロセスからは得られない場合があるとする考え方もある.その場合は,直接にその管理策に関して,附属書Aの管理策を基準として決定し,選択することになるだろう.

注記で"管理目的は,暗に管理策に含まれている"と記述しているとおり,

附属書Aにおいては,管理策を選択すれば,管理目的も選択することになる.なお,附属書Aにある管理目的及び管理策は,JIS Q 27002:2014から引用されている.JIS Q 27002:2014では,一つの管理目的とそのもとにある管理策をあわせてカテゴリとしている.

---- JIS Q 27002:2014

4 規格の構成

この規格は,情報セキュリティ管理策について,14の箇条で構成し,そこに,合計で35のカテゴリ及び114の管理策を規定している.

4.1 箇条の構成

管理策を定めた各箇条には,一つ以上のカテゴリがある.

この規格において,箇条の順序は,その重要度を示すものではない.状況に応じて,いずれかの箇条又は全ての箇条の管理策が重要となる可能性があり,このため,この規格を適用している組織は,適用できる管理策及びそれらの重要度を特定し,個々の業務プロセスへのそれぞれの適用を明確にすることが望ましい.

なお,この規格の全ての項目は,優先順に並んではいない.

4.2 管理策のカテゴリ

各管理策のカテゴリには,次の事項が含まれる.
a) 達成すべきことを記載した管理目的
b) 管理目的を達成するために適用できる一つ以上の管理策

附属書Aを直接に使って管理策を選択する際には,管理目的が目安になる.

● **適用宣言書の作成 [6.1.3 d)]**

6.1.3 c) に従って 6.1.3 b) で決定した管理策に見落としがないことを検証

した後に,"適用宣言書"を作成する.適用宣言書には,必要な管理策及びそれらの管理策を含めた理由,それらの管理策を実施しているか否か,及び,附属書Aに規定した管理策を除外した理由を記載しなければならない.

この規格には,"適用宣言書"の用語の定義がない.ここで規定する要求事項が定義であるから,重複する用語の定義をしていない.

●情報セキュリティリスク対応計画の策定［**6.1.3 e)**］

情報セキュリティリスクアセスメントによって優先順位付けされたリスク［6.1.2 e)］,情報セキュリティリスク対応における選択肢の選定［6.1.3 a)］及び管理策の決定並びに検証［6.1.3 b), c)］の結果を含む"リスク対応計画"を策定する.

●残留リスク受容の承認［**6.1.3 f)**］

リスク対応計画及び残留している情報セキュリティリスクの受容について,リスク所有者の承認を得る必要がある.残留している情報セキュリティリスクとは,情報セキュリティリスク対応計画を実施した後に残るリスクで,リスク受容基準［6.1.2 a)］を越えるものをいう.リスク所有者は,6.1.2 c)に従って特定された者である.

リスク対応のプロセスについては,文書化した情報を保持しなければならない.

6.1.3の注記に,"情報セキュリティリスクアセスメント及びリスク対応のプロセスは,JIS Q 31000に規定する原則及び一般的な指針と整合している."と記述している.この規格の6.1.2及び6.1.3を理解する上で,JIS Q 31000が参考になる.

JIS Q 27001:2006に比較すると,情報セキュリティリスク対応について以下の相違がある.

- リスク対応のプロセスをJIS Q 31000に整合させることが明確になり,

組織において同じくJIS Q 31000と整合性のある他のリスク対応のプロセスと統合できるようになった．

- リスク対応では，附属書Aから管理策を選択するのではなく，リスク対応のための管理策を決定し，これを附属書Aの管理策と比較して検証することが要求されることとなった．これによって，附属書A以外の管理策群も活用することができるようになった．
- また，リスク対応計画の策定が，リスク対応の一つのプロセスであることを明確にした．
- 残留リスクの受容を承認する者が，経営陣からリスク所有者に変わった．ただし，残留リスクの受容についての責任を考慮すると，多くの組織において，実態は変わらないものと考えられる．

──── JIS Q 27001：2014 ────

6.2　情報セキュリティ目的及びそれを達成するための計画策定

組織は，関連する部門及び階層において，情報セキュリティ目的を確立しなければならない．

情報セキュリティ目的は，次の事項を満たさなければならない．

a）　情報セキュリティ方針と整合している．
b）　（実行可能な場合）測定可能である．
c）　適用される情報セキュリティ要求事項，並びにリスクアセスメント及びリスク対応の結果を考慮に入れる．
d）　伝達する．
e）　必要に応じて，更新する．

組織は，情報セキュリティ目的に関する文書化した情報を保持しなければならない．

組織は，情報セキュリティ目的をどのように達成するかについて計画するとき，次の事項を決定しなければならない．

f) 実施事項
g) 必要な資源
h) 責任者
i) 達成期限
j) 結果の評価方法

"6.2 情報セキュリティ目的及びそれを達成するための計画"では，組織が，関連する部門及び階層において，情報セキュリティ目的を確立し，その達成計画を策定することに関する要求事項を規定している．

情報セキュリティ目的は，情報セキュリティ方針と整合していることが求められている［6.2 a)］．このことは，"5.2　方針"において，情報セキュリティ方針は"情報セキュリティ目的（6.2 参照）を含むか，又は情報セキュリティ目的の設定のための枠組みを示す"と規定されている．組織内外の情報セキュリティ要求事項を考慮した上で，実行可能な場合，測定可能な情報セキュリティ目的を設定する．情報セキュリティ目的の確立において，附属書Ａの管理目的が参考になる場合もある．参考にする場合は，管理目的は組織によらない一般的なものであるのに対し，情報セキュリティ目的は組織の情報セキュリティ方針との整合性が求められ，したがって組織の状況に関係するものであること，さらに，可能な場合測定可能であること，に留意する必要がある．

組織の ISMS は，情報セキュリティ目的の達成のためのものである．"情報セキュリティ目的をどのように達成するかについての計画"には，例えば，リスク対応計画（6.1.3），運用の計画（8.1）及び監査プログラムの計画（9.2）を含めることも考えられる．

情報セキュリティ目的を達成するために，実施事項・必要な資源・責任者・達成期限及び結果の評価方法を決定することが要求されている．

JIS Q 27001:2006 に比較すると，各部門及び階層において，情報セキュリティ目的を確立すること及び情報セキュリティ目的が満たすべきことが明確に

規定され,また,情報セキュリティ目的を達成する計画が必要となり,その内容も明確にされた.

7 支 援

―― JIS Q 27001:2014 ――

7.1 資源

組織は,ISMS の確立,実施,維持及び継続的改善に必要な資源を決定し,提供しなければならない.

"7.1 資源"では,ISMS の活動に必要な資源(例えば,推進体制,人々,情報機器を含む物品,活動経費となる資金,リスクに関する情報など)を決定し,確保することが求められている.

資源の提供で留意しなければならない点は,必要な時点には資源を利用可能としておかなければならないことである.必要となってから確保しようとしても手遅れになってしまうため,将来必要な資源を見通した上で,準備期間を設定しておくことが肝要である.特に,トップマネジメントは"5.1 リーダーシップ及びコミットメント"で ISMS に必要な資源が利用可能であることを確実にすること[5.1 c)]が求められており,資源の決定に深く関与することになるので,各資源の必要性を理解しておくことが必要であろう.

JIS Q 27001:2006 5.2.1 a)〜f) では,"事業上の要求事項を満たすことに,情報セキュリティの手順が寄与することを確実にする"のに必要な資源など,より詳細な事項を要求していたが,JIS Q 27001:2014 では,包括的な要求になっている.

―― JIS Q 27001:2014 ――

7.2 力量

組織は,次の事項を行わなければならない.

> a) 組織の情報セキュリティパフォーマンスに影響を与える業務をその管理下で行う人(又は人々)に必要な力量を決定する.
> b) 適切な教育,訓練又は経験に基づいて,それらの人々が力量を備えていることを確実にする.
> c) 該当する場合には,必ず,必要な力量を身につけるための処置をとり,とった処置の有効性を評価する.
> d) 力量の証拠として,適切な文書化した情報を保持する.
>
> 注記 適用される処置には,例えば,現在雇用している人々に対する,教育訓練の提供,指導の実施,配置転換の実施などがあり,また,力量を備えた人々の雇用,そうした人々との契約締結などもある.

"7.2 力量"では,前項で特定される人的資源(管理下で働く人々)に関して役割と責任に応じた必要な力量を備えることが要求されている.その必要な力量が備わっていない場合("該当する場合"には,特定された不足の力量を得るための処置をとり,満たされたかどうかを評価することが必要である.

------- JIS Q 27000:2014 ------

2.11 力量(competence)
意図した結果を達成するために,知識及び技能を適用する能力.

力量の証拠として,文書化した情報を保持することが求められることは,言い換えれば,人々に必要な力量が備わっていることを証明できるようになっていなければならないことである.

JIS Q 27001:2006 では,"教育,訓練,技能,経験及び資格についての記録を維持する"と具体的な記録の内容を要求していたが,JIS Q 27001:2014 では"力量の証拠"となったため,当該の文書化した情報を具体的に特定して

おく必要がある.

JIS Q 27001:2014

7.3 認識

組織の管理下で働く人々は，次の事項に関して認識をもたなければならない.
- a) 情報セキュリティ方針
- b) 情報セキュリティパフォーマンスの向上によって得られる便益を含む，ISMS の有効性に対する自らの貢献
- c) ISMS 要求事項に適合しないことの意味

"7.3 認識"では，組織の管理下で働く人々が認識をもつべき事項を規定している．認識は，教育・訓練や ISMS 活動を通じて醸成されるものであり，また日常の業務における問題意識，危機意識の育成につながる．これは，ひいては ISMS に携わる人々の力量の向上にもつながることにもなり，したがって組織内の人々の認識を高めておくことは極めて重要である．

JIS Q 27001:2014 では，認識を高めるために，組織の管理下で働く人々に対して，情報セキュリティ方針，ISMS の有効性に対する自らの貢献，そして ISMS 要求事項に適合しないことの意味を理解し自覚することを求めている．

情報セキュリティについての自らの活動とその重要性を認識するためには，トップマネジメントの情報セキュリティ方針に対する基本的な考え方を示した情報セキュリティ方針を認識しておく必要がある．

また，情報セキュリティを効果的に管理するためには，情報セキュリティパフォーマンスの向上，ISMS の有効性に対して，自らの業務がどのように関連付けられ，寄与することができるのかを認識しておかなければならない．

さらに，組織の ISMS に関連する活動に携わる人々が ISMS の要求事項に従わなかった場合，情報セキュリティに対してどのような影響や損害をもたらすのかを認識することも求められている．

JIS Q 27001:2006 5.2.2 では，"関連する要員全てが，自らの情報セキュリティについての活動がもつ意味と重要性とを認識し，ISMS の目的の達成に向けて，自分はどのように貢献できるか認識することを確実にしなければならない"となっていたが，JIS Q 27001:2014 では，7.3 b) と c) でこれらの内容が明示された．

JIS Q 27001:2014

7.4 コミュニケーション

組織は，次の事項を含め，ISMS に関連する内部及び外部のコミュニケーションを実施する必要性を決定しなければならない．

a) コミュニケーションの内容（何を伝達するか．）
b) コミュニケーションの実施時期
c) コミュニケーションの対象者
d) コミュニケーションの実施者
e) コミュニケーションの実施プロセス

"7.4 コミュニケーション"では，内外関係者とのコミュニケーションについて組織が決定する事項を規定している．コミュニケーションの内容に応じて，メール・会議・ウェブ掲載などの手段も多岐にわたる．ここではコミュニケーションの内容，実施時期，対象者，実施者，そのプロセスなど，コミュニケーションに関して明確にしなければならない点を要求事項として挙げている．

特に顧客からの苦情や情報セキュリティインシデントなどの事象への対応は迅速に処理する必要があるため，手順を定めて，対象者に徹底することが必要となるであろう．

JIS Q 27001:2006 4.2.4 c) では，"全ての利害関係者に，状況にあった適切な詳しさで，処置及び改善策を伝える．該当するときは，処置及び改善策の進め方について合意を得る"とあるが，JIS Q 27001:2014 では，処置及び改善策以外でもコミュニケーションの必要性を特定することが要求される．

7.5 文書化した情報

7.5.1 一般

組織のISMSは,次の事項を含まなければならない.

a) この規格が要求する文書化した情報

b) ISMSの有効性のために必要であると組織が決定した,文書化した情報

　　注記　ISMSのための文書化した情報の程度は,次のような理由によって,それぞれの組織で異なる場合がある.

　　　　1) 組織の規模,並びに活動,プロセス,製品及びサービスの種類

　　　　2) プロセス及びその相互作用の複雑さ

　　　　3) 人々の力量

7.5.2 作成及び更新

文書化した情報を作成及び更新する際,組織は,次の事項を確実にしなければならない.

a) 適切な識別及び記述(例えば,タイトル,日付,作成者,参照番号)

b) 適切な形式(例えば,言語,ソフトウェアの版,図表)及び媒体(例えば,紙,電子媒体)

c) 適切性及び妥当性に関する,適切なレビュー及び承認

7.5.3 文書化した情報の管理

ISMS及びこの規格で要求されている文書化した情報は,次の事項を確実にするために,管理しなければならない.

a) 文書化した情報が,必要なときに,必要なところで,入手可能かつ利用に適した状態である.

b) 文書化した情報が十分に保護されている(例えば,機密性の喪失,不適切な使用及び完全性の喪失からの保護).

文書化した情報の管理に当たって，組織は，該当する場合には，必ず，次の行動に取り組まなければならない．
  c) 配付，アクセス，検索及び利用
  d) 読みやすさが保たれることを含む，保管及び保存
  e) 変更の管理（例えば，版の管理）
  f) 保持及び廃棄

ISMS の計画及び運用のために組織が必要と決定した外部からの文書化した情報は，必要に応じて，特定し，管理しなければならない．
  注記 アクセスとは，文書化した情報の閲覧だけの許可に関する決定，文書化した情報の閲覧及び変更の許可及び権限に関する決定，などを意味する．

"7.5 文書化した情報"では，この規格が要求する文書化した情報及び組織が必要であると決定した文書化した情報について，文書管理としての要求事項を規定しており，正しい文書を間違いなく参照・保管・保存できることが必要である．特に災害時など特異な状態についても考慮しておく必要がある．この文書化した情報の保持が各箇条に記載されており，本要求事項は他プロセスと密接に関係していることが理解できる．

なお，文書化した情報とは，JIS Q 27001:2006 で記述されていた文書及び記録を含んだものとなっている．

---- **JIS Q 27000:2014**

2.23 文書化した情報（documented information）
  組織（2.57）が管理し，維持するよう要求されている情報，及びそれが含まれている媒体．
  注記 1 文書化した情報は，あらゆる形式及び媒体の形をとることが

> でき，あらゆる情報源から得ることができる．
>
> **注記2** 文書化した情報には，次に示すものがあり得る．
> — 関連するプロセス（2.61）を含むマネジメントシステム（2.46）
> — 組織の運用のために作成された情報（文書類）
> — 達成された結果の証拠（記録）

8 運用

----- JIS Q 27001:2014 -----

8.1 運用の計画及び管理

組織は，情報セキュリティ要求事項を満たすため，及び6.1で決定した活動を実施するために必要なプロセスを計画し，実施し，かつ管理しなければならない．また，組織は，6.2で決定した情報セキュリティ目的を達成するための計画を実施しなければならない．

組織は，プロセスが計画通りに実施されたという確信をもつために必要な程度の，文書化した情報を保持しなければならない．

組織は，計画した変更を管理し，意図しない変更によって生じた結果をレビューし，必要に応じて，有害な影響を軽減する処置をとらなければならない．

組織は，外部委託したプロセスが決定され，かつ，管理されていることを確実にしなければならない．

"8.1 運用の計画及び管理"では，組織は情報セキュリティ要求事項に従い，"6.1 リスク及び機会に対処する活動"で決定した活動を実施するために必要なプロセスを計画し，実施し，かつ管理し，"6.2 情報セキュリティ目的及びそれを達成するための計画策定"で決定した情報セキュリティ目的を達成する

ための計画を実施することが求められている．これらを計画どおりに遂行するためには，外部委託したプロセスを含めて管理することが必要である．なお，計画どおりに遂行できない場合は，情報セキュリティ目的を達成するための計画の見直しを繰返し行い，活動を継続して実施できるようにすることが肝要であろう．また，この計画，実施及び管理の変更に際しては，有害な影響を軽減できるように配慮する必要がある．

JIS Q 27001:2006 での予防処置という用語はなくなったが，ここでの"有害な影響を軽減する処置"は予防処置に該当する事項の一つと捉えられる．なお，"組織は，外部委託したプロセスが決定され，かつ，管理されていることを確実にしなければならない"は，新しい要求事項となるので留意が必要である．

また，PDCA について JIS Q 27001:2014 には記述はないが，前述（本章の 4.4 の解説を参照）のとおり JIS Q 27001:2014 でも継続して考慮されており，この"8　運用"はそのうち Do（実行）を主体とした実装のプロセスである．

───── JIS Q 27001:2014 ─────

8.2　情報セキュリティリスクアセスメント

　組織は，あらかじめ定めた間隔で，又は重大な変更が提案されたか若しくは重大な変化が生じた場合に，6.1.2 a) で確立した基準を考慮して，情報セキュリティリスクアセスメントを実施しなければならない．

　組織は，情報セキュリティリスクアセスメント結果の文書化した情報を保持しなければならない．

"8.2　情報セキュリティリスクアセスメント"では，情報セキュリティリスクアセスメントを 6.1.2 a) で確立した基準に従って，あらかじめ定めた間隔，また必要な都度（重大な変更が提案されたか若しくは重大な変化が生じた場合）に実施することが要求されている．組織内外の環境は，常に変化しているため，リスクも変動していることを念頭に置き，情報セキュリティリスクアセスメン

9 パフォーマンス評価

トを適時に実施することが必要となる．

　JIS Q 27001:2006 では，この"重大な変更が提案されたか若しくは重大な変化が生じた場合"はなかったが，JIS Q 27001:2014 で追加された．

---- JIS Q 27001:2014 ----
8.3　情報セキュリティリスク対応
　組織は，情報セキュリティリスク対応計画を実施しなければならない．
　組織は，情報セキュリティリスク対応結果の文書化した情報を保持しなければならない．

　"8.3　情報セキュリティリスク対応"では，情報セキュリティリスク対応計画の実施について規定されている．情報セキュリティリスク対応計画については，"6.1.3　情報セキュリティリスク対応"の e) において，これを策定するプロセスを定め，適用することが求められている．この 8.3 では，その情報セキュリティリスク対応計画を，8.2 に従って実施した情報セキュリティリスクアセスメントの結果を考慮して［6.1.3 a)］，実施することになる．つまり，8.2 での情報セキュリティリスクアセスメントの結果により，対策の必要のあるリスクへの対応策を 6.1.3 で計画し，8.3 で実施することになる．

　活動の結果が有効であるかどうかは，"9　パフォーマンス評価"で判断することになるため，"9　パフォーマンス評価"で説明する．

9　パフォーマンス評価

---- JIS Q 27001:2014 ----
9.1　監視，測定，分析及び評価
　組織は，情報セキュリティパフォーマンス及び ISMS の有効性を評価しなければならない．
　組織は，次の事項を決定しなければならない．

> a) 必要とされる監視及び測定の対象．これには，情報セキュリティプロセス及び管理策を含む．
> b) 該当する場合には，必ず，妥当な結果を確実にするための，監視，測定，分析及び評価の方法
>   **注記** 選定した方法は，妥当と考えられる，比較可能で再現可能な結果を生み出すことが望ましい．
> c) 監視及び測定の実施時期
> d) 監視及び測定の実施者
> e) 監視及び測定の結果の，分析及び評価の時期
> f) 監視及び測定の結果の，分析及び評価の実施者
>
> 組織は，監視及び測定の結果の証拠として，適切な文書化した情報を保持しなければならない．

"9.1 監視，測定，分析及び評価"では，情報セキュリティパフォーマンス及びISMSの有効性についての評価を実施することを求めている．また，そのための監視，測定，分析及び評価の対象及び方法を決定することを求めている．

監視及び測定の結果は，証拠として，文書化した情報として保持することが要求される．

情報セキュリティパフォーマンスの評価について，JIS Q 27001:2014の他の章との関連を説明する．例えば，"5 リーダーシップ"との関連では，5.3 b)で，ISMSのパフォーマンスをトップマネジメントに報告するための責任及び権限を割り当てることを要求しており，ここでいうISMSのパフォーマンスとは，9の情報セキュリティパフォーマンスの一部を指している．"5.3 組織の役割，責任及び権限"では責任と権限の割り当てが要求されているが，加えて，9.1に基づきISMSのパフォーマンスの評価結果をトップマネジメントに報告するということも重要なことである．なお，トップマネジメントへの報告

は,"9.3 マネジメントレビュー"とも関連している.9.3ではマネジメントレビューの要求事項を規定しており,特に9.3 c)で情報セキュリティパフォーマンスに関するフィードバックをマネジメントレビューで考慮するよう要求している.

また,"6 計画"との関連でいうと,ISMSの有効性の評価に該当する事項に6.1.1 e) 2) がある.ここでは,リスク及び機会に対処する活動の有効性の評価を行う方法を計画することが要求されている.この9.1では,組織に対して情報セキュリティパフォーマンス及びISMSの有効性を評価することを求めており,6.1.1 e) のISMSの有効性の評価を実施することはパフォーマンス評価の一部を成している.

情報セキュリティパフォーマンス及びISMSの有効性の評価基準は,様々なものが考えられるが,例えば,内部監査でJIS Q 27001:2014への適合状況を評価基準として,前年度と今年度の監査結果を比較して今年度の適合状況が良好な場合は,パフォーマンス及び有効性が向上したと評価するといったこともあるだろう.パフォーマンス評価については,難しく捉えず,ISMSで実施している活動について評価すると考えたらよいであろう.各々の活動は,目標を設定して実施しているので,その目標を評価基準として,達成状況と評価基準とを照らし合わせて,パフォーマンスを評価するといったことも,上記の経年・経時的なパフォーマンス評価の考え方と同様に,一つのパフォーマンス評価の考え方といえる.パフォーマンス評価の評価基準については,一度決めたら,それで終わりということではなく,評価基準自体の妥当性についても適時,見直しを図ること,すなわち,パフォーマンス評価プロセスの継続的改善を実施していくことも重要である.

ISOのマネジメントシステム規格共通の要求事項からの変更点としては,"必要とされる監視及び測定の対象.これには,情報セキュリティプロセス及び管理策を含む."が挙げられる."これには,情報セキュリティプロセス及び管理策を含む."の部分が追加された.監視及び測定の対象について,ISMSでは何を対象とするのかを明確にしたほうがよいためである.

JIS Q 27001:2006 と比較すると，パフォーマンス評価について，より明確に具体的で強調された形で要求されるようになった．例えば，監視及び測定の実施時期について ［9.1 c)］，及び監視及び測定の結果の分析及び評価の実施時期について ［9.1 e)］明確にすることが要求されるようになった．また，監視及び測定の実施者 ［9.1 d)］，及び監視及び測定の結果の分析及び評価の実施者 ［9.1 f)］について明確にすることも要求されるようになった．また，JIS Q 27001:2014 の他の章との関連でいうと，トップマネジメントのパフォーマンスへの関与の重要性がより明確に要求されるようになった．

また，PDCA モデルという表現は JIS Q 27001:2014 には記述はないが，前述（本書の 4.4 の解説を参照）のとおり JIS Q 27001:2014 でも継続して考慮されており，この "9 パフォーマンス評価" はそのうち Check（点検），つまり監視及びレビューを主体としたプロセスである．JIS Q 27001:2014 における監視及びレビューとは，運用（Do）が計画（Plan）に沿っているのかどうかを確認するプロセスを指す．

JIS Q 27001:2014

9.2 内部監査

組織は，ISMS が次の状況にあるか否かに関する情報を提供するために，あらかじめ定めた間隔で内部監査を実施しなければならない．
a) 次の事項に適合している．
 1) ISMS に関して，組織自体が規定した要求事項
 2) この規格の要求事項
b) 有効に実施され，維持されている．

組織は，次に示す事項を行わなければならない．
c) 頻度，方法，責任及び計画に関する要求事項及び報告を含む，監査プログラムの計画，確立，実施及び維持．監査プログラムは，関連するプロセスの重要性及び前回までの監査の結果を考慮に入れな

ければならない.
 d) 各監査について,監査基準及び監査範囲を明確にする.
 e) 監査プロセスの客観性及び公平性を確保する監査員を選定し,監査を実施する.
 f) 監査の結果を関連する管理層に報告することを確実にする.
 g) 監査プログラム及び監査結果の証拠として,文書化した情報を保持する.

"9.2 内部監査"では,内部監査において,ISMS の取組みが組織によって規定された要求事項に従って実施されているか,JIS Q 27001:2014 の要求事項に適合しているか,有効に実施され継続的に維持されているかを評価することが求められている.

また,内部監査の手順を含む監査プログラムについて文書化が要求されている.監査プログラムには,内部監査の計画,実施,報告,フォローアップの一連の流れと,関連する記録の保持についての責任,力量及び要求事項を文書化することが要求されている.なお,監査基準,監査範囲についても明確化を求めている.監査員の選定については,監査プロセスの客観性及び公平性を確保することを要求している.これは,有益な監査結果を得るために重要なことである.監査員の独立性については,JIS Q 19011:2012(マネジメントシステム監査のための指針)では次のように説明している.

---- JIS Q 19011:2012 ----

4 監査の原則

 e) **独立性**:監査の公平性及び監査結論の客観性の基礎

 監査員は,実行可能な限り監査の対象となる活動から独立した立場にあり,全ての場合において偏り及び利害抵触がない形で行動することが望ましい.内部監査では,監査員は監査の対象となる機能の運営管理者

から独立した立場にあることが望ましい．監査員は，監査所見及び監査結論が監査証拠だけに基づくことを確実にするために，監査プロセス中，終始一貫して客観性を維持することが望ましい．

　小規模の組織においては，内部監査員が監査の対象となる活動から完全に独立していることは難しい場合もあるが，偏りをなくし，客観性を保つあらゆる努力を行うことが望ましい．

　なお，内部監査の結果は，マネジメントレビューの重要な検討項目となる．
　内部監査自体の有効性を向上させるためには，内部監査の仕組みの拡充や，そこから出てくるチェックリストなどの様式類の内容，内部監査での焦点の明確化（内部監査における重点確認事項の明確化）といったこととともに，内部監査員の力量を向上させるということも重要である．すなわち，良い指摘や，指摘への対応に関連する有益なコメントを出せる内部監査員を確保することである．そのためには，内部監査員に対する力量基準と力量評価方法を十分に検討することが必要である．内部監査員の力量基準について，例えば，JIS Q 27001:2014 の理解，JIS Q 19011:2012 の理解，組織の ISMS に関連する法規制要求事項の理解，組織の作成した情報セキュリティ関連文書の理解，組織の業務における情報セキュリティ側面の理解，業務経験，コミュニケーション能力といった力量基準が挙げられる．
　JIS Q 27001:2006 と比較すると，内部監査について，ISO のマネジメントシステム規格共通の要求事項になったことによる表現の変更はあるものの，内容についての大幅な変更はないといえる．また，表現の変更の例としては，JIS Q 27001:2006 では，6 a）で，"この規格及び関連する法令又は規制要求事項に適合しているかどうか．"と内部監査での判断事項として"関連する法令又は規制の要求事項の適合状況"を含めていたが，JIS Q 27001:2014 では，"この規格の要求事項"との記述となり，"関連する法令又は規制の要求事項"という文言は削除されている．この理由は，"4.2　利害関係者のニーズ及び期

待の理解"の注記で，"利害関係者の要求事項には，法的及び規制の要求事項並びに契約上の義務に含めてもよい"と記述しており，利害関係者の要求事項は，この規格の要求事項であるので特に"関連する法令又は規制の要求事項"を明記することにはならなかったといえる．

JIS Q 27001:2014

9.3 マネジメントレビュー

トップマネジメントは，組織のISMSが，引き続き，適切，妥当かつ有効であることを確実にするために，あらかじめ定めた間隔で，ISMSをレビューしなければならない．

マネジメントレビューは，次の事項を考慮しなければならない．

a) 前回までのマネジメントレビューの結果とった処置の状況
b) ISMSに関連する外部及び内部の課題の変化
c) 次に示す傾向を含めた，情報セキュリティパフォーマンスに関するフィードバック
　1) 不適合及び是正処置
　2) 監視及び測定の結果
　3) 監査結果
　4) 情報セキュリティ目的の達成
d) 利害関係者からのフィードバック
e) リスクアセスメントの結果及びリスク対応計画の状況
f) 継続的改善の機会

マネジメントレビューからのアウトプットには，継続的改善の機会，及びISMSのあらゆる変更の必要性に関する決定を含めなければならない．

組織は，マネジメントレビューの結果の証拠として，文書化した情報を保持しなければならない．

"9.3 マネジメントレビュー"は，トップマネジメントが俯瞰的視点から，ISMS全体の取組みを定期的に確認し，構築・維持されたISMSについて改善する必要があるのか，変更する必要があるのかについて判断するプロセスである．マネジメントレビューは，組織が定めた間隔で実施する必要がある．マネジメントレビューでの考慮事項として，前回までのマネジメントレビューの結果によりとった処置の状況，ISMSに関連する外部及び内部の課題の変化，情報セキュリティパフォーマンスに関するフィードバック，利害関係者からのフィードバック，リスクアセスメントの結果及びリスク対応計画の状況，及び継続的改善の機会が求められている．内部監査の結果は，情報セキュリティパフォーマンスに関するフィードバックの一つとして考慮されなければならない．

ISOのマネジメントシステム規格共通の要求事項からの変更点は，マネジメントレビューで考慮しなければならない事項として"情報セキュリティ目的の達成"，"利害関係者からのフィードバック"，"リスクアセスメントの結果及びリスク対応計画の状況"が追加されたことである．"情報セキュリティ目的の達成"が追加されたのは，6.2の情報セキュリティ目的への関連付けが必要であるためである．"利害関係者からのフィードバック"が追加されたのは，この項目がISMS固有との考えのためである．また，"リスクアセスメントの結果及びリスク対応計画の状況"が追加されたのは，マネジメントレビューでは，リスクアセスメントの結果やリスク対応計画の状況も考慮すべきとの考えのためである．

JIS Q 27001:2006と比較すると，ISOのマネジメントシステム規格共通の要求事項となったことにより記述としては変更されているが，全体の主旨としては変わらない．例えば，マネジメントレビューのアウトプットの項目について，JIS Q 27001:2006版"7.3 レビューからのアウトプット"では，

a) ISMSの有効性の改善，
b) リスクアセスメント及びリスク対応計画の更新，
c) ISMSに影響を与える可能性のある内外の事象に対応するために，必要に応じた，情報セキュリティを実現する手順及び管理策の修正，

d) 必要となる経営資源．

e) 管理策の有効性測定方法の改善

と a) から e) に関係する決定及び処置を含めなければならないことを要求していたが，JIS Q 27001:2014 版では，"継続的改善の機会，及び ISMS のあらゆる変更の必要性に関する決定を含めなければならない．"という包括的な表現となった．

10 改善

―― JIS Q 27001:2014 ――

10.1 不適合及び是正処置

不適合が発生した場合，組織は，次の事項を行わなければならない．

a) その不適合に対処し，該当する場合には，必ず，次の事項を行う．
　1) その不適合を管理し，修正するための処置をとる．
　2) その不適合によって起こった結果に対処する．

b) その不適合が再発又は他のところで発生しないようにするため，次の事項によって，その不適合の原因を除去するための処置をとる必要性を評価する．
　1) その不適合をレビューする．
　2) その不適合の原因を明確にする．
　3) 類似の不適合の有無，又はそれが発生する可能性を明確にする．

c) 必要な処置を実施する．

d) とった全ての是正処置の有効性をレビューする．

e) 必要な場合には，ISMS の変更を行う．

是正処置は，検出された不適合のもつ影響に応じたものでなければならない．

組織は，次に示す事項の証拠として，文書化した情報を保持しなければ

ならない．
　f)　不適合の性質及びとった処置
　g)　是正処置の結果

　"10.1　不適合及び是正処置"では，不適合が発生した場合に組織が行わなければならない事項について規定している．また，検出された不適合に対して実施する是正処置については，その不適合が及ぼす影響に応じたものであるよう求めている．
　不適合，是正処置については，JIS Q 27000:2014では次のように定義している．

　　　　　　　　　　　　　　　　　　　　　　　　　　　JIS Q 27000:2014

2.53　不適合（nonconformity）
　要求事項（2.63）を満たしていないこと．

2.19　是正処置（corrective action）
　不適合（2.53）の原因を除去し，再発を防止するための処置．

　不適合とは，"要求事項を満たしていないこと"と定義されている．ISMSにおける要求事項とは，JIS Q 27001:2014の規格要求事項，JIS Q 27001:2014に基づいて組織が自ら定めた要求事項，法規制による要求事項，顧客からの契約による要求事項などが例として挙げられる．
　例えば，ソフトウェアのライセンス管理について，保有するソフトウェアは全てライセンス管理台帳に登録する必要があるのだが，新規に導入したソフトウェアの台帳への登録が漏れていたという不適合に対し，そのソフトウェアを登録するよう台帳の記載内容を直すことが修正であり，さらにそれを掘り下げて，台帳の登録に至るまでの手順に不備はなかったか，確認・承認に問題がな

かったか，教育は適切に実施されていたかなど，不適合の原因を突き詰め，同様なことが他の新規に導入されたソフトウェアでも存在しないか，潜在的に発生し得るかなどを明らかにし，不適合の再発，または他での発生の防止を確実にするための処置が是正処置である．

また，発見された不適合についての対応は，文書化した情報として保持しておく必要がある．したがって，不適合の性質及びとった処置並びに是正処置の結果を示す証拠を文書化しておく必要がある．不適合の性質とは，不適合の内容や，不適合が及ぼしたISMSへの影響であり，とった処置とは，不適合についての対応であり，また是正処置の結果とは，不適合についての対応が，狙いどおり機能しているか，効果測定を基にした結果であり，これらを証拠として記録する必要がある．

JIS Q 27001:2006と比較すると，より拡充した要求事項となった．例えば，不適合に対して，修正と是正処置とを分けて要求するようになったことや，類似の不適合の有無や類似の不適合が発生する可能性を明確にすることが要求されるようになった．

また，PDCAモデルという表現はJIS Q 27001:2014には記述はないが，前述（4.4参照）のとおりJIS Q 27001:2014でも継続して考慮されており，この"10 改善"はそのうちAct（処置），つまり維持及び改善を主体としたプロセスである．JIS Q 27001:2014における維持及び改善とは，不適合に対する修正及び是正処置をとり，ISMSの適用範囲，情報セキュリティ方針及び情報セキュリティ目的を再評価することによって，ISMSを維持し，改善するためのプロセスを指す．

JIS Q 27001:2014

10.2 継続的改善

組織は，ISMSの適切性，妥当性及び有効性を継続的に改善しなければならない．

"10 継続的改善"では，ISMSの適切性，妥当性，有効性の継続的改善を実施するよう求めている．ISMSの活動は，常に継続的改善に結び付けることが重要となる．ISMSの有効性を改善するとは，情報セキュリティ目的が達成されるよう，さらにISMSを改善することである．改善の結果は，例えば，JIS Q 27001:2014の規格要求事項，JIS Q 27001:2014に基づいて組織が自ら定めた要求事項，法規制による要求事項，顧客からの契約による要求事項に対する不適合の減少として現れる．

また，ISMSに係る各種の取組みについても，内部監査等で発見された不適合に対応し，継続的に維持・改善していく必要がある．その際は，ISMSの適切性，妥当性及び有効性の視点から適宜確認し，より組織に合ったISMSとなるよう継続的に改善していくことが重要である．

ISMSの適切性とは，ISMSが組織の情報セキュリティ目的とぴったりと当てはまっている状態であることといえる．また，ISMSの有効性について，JIS Q 27000:2014では次のように定義している．

---- JIS Q 27000:2014 ----
2.24 有効性（effectiveness）
　計画した活動を実行し，計画した結果を達成した程度

ISMSをその適切性，妥当性及び有効性の視点から適宜確認するとは，言い換えると，ISMSが組織の情報セキュリティ目的とぴったりと当てはまっている状態であるのかという適切性の視点，要求事項が満たされているのかという妥当性の視点，計画した活動が実行され，計画した結果が達成された程度という有効性の視点から適宜確認することである．

第4章

"附属書A(規定) 管理目的及び管理策"の概要

4.1 附属書Aの位置付け

附属書Aでは，組織がISMSを導入する場合に参照する35の管理目的（目的ともいう.）及び114の管理策を一覧で示している．管理目的とは，"管理策を実施した結果として，達成されることになる事項を説明した記述"(JIS Q 27000) である．管理策とは，"リスクを修正する対策"(JIS Q 27000) である．

附属書Aの使用方法に関する記述が，この規格の"6.1.3 情報セキュリティリスク対応"にある．そこでは，組織にとって必要な管理策を設計し，又は任意の情報源の中から管理策を特定することが想定されている．これらの管理策は必ずしも附属書Aから選定する必要はないが，附属書Aに示す管理策と比較し，必要な管理策が見落とされていないことを検証することが求められている．

この規格と密接な関係にあるISO/IEC 27002では，箇条5から箇条18までが管理目的及び管理策の記述にあてられている．ISO/IEC 27001では，ISO/IEC 27002の管理目的及び管理策をそのまま附属書Aに規定している．例えばISO/IEC 27002の"5.1 情報セキュリティのための経営陣の方向性"は，番号の頭に"A."を加えて，附属書Aの"A.5.1 情報セキュリティのための経営陣の方向性"としているなど，項番号も対応付けられている．

附属書Aの基となったISO/IEC 27002は指針（ガイドライン）であり，管理策は，"〜することが望ましい."(原文では助動詞shouldを用いている) という定型の表現をとる．これに対し，ISO/IEC 27001は，要求事項を示す規格である．附属書Aの管理策もISO/IEC 27001の本文と同じく，要求事項として，"〜しなければならない."(原文では助動詞shallを用いている) という表現となる．この相違以外は，ISO/IEC 27001附属書Aの管理目的及び管理

策は，ISO/IEC 27002 のものと同じである．

ISO/IEC 27002 では，"実施の手引"及び"関連情報"という見出しのもとに，管理策ごとにその説明が記載されている．ISO/IEC 27001 の利用者は，ISO/IEC 27002 のこれらの記事から，管理策の実施方法，実施例，参照資料等についての追加の情報を得ることができる．

4.2 ISO/IEC 27001:2005 の附属書 A との対比

旧版の ISO/IEC 27001:2005 も，改正版の ISO/IEC 27001:2013 も，管理目的と管理策を附属書 A で示している．

ISO/IEC 27001:2005 では，附属書 A の中に A.5 から A.15 までの 11 の箇条がある．これに対し，ISO/IEC 27001:2013 の場合，附属書 A に A.5 から A.18 までの 14 の箇条がある．これらの対比を**表 4.1** に示す．

この表に見られるとおり，多くの箇条が，ISO/IEC 27001:2005 の箇条を継承している．また，箇条の順序は，原則として維持しながら，組織にとって基本的な活動に関するものを前に移し，読みやすくしている．

ISO/IEC 27001:2013 では，次の要素により，箇条が三つ増えている．

(1) "A.10 暗号"は，ISO/IEC 27001:2005 の"A.12 情報システムの取得，開発及び保守"から，暗号に関する管理目的と管理策を取り出して，独立の箇条にしたものである．これは，暗号の利用が，情報システムの開発と運用の両面に関係するため，どちらとも組み合わせて利用できるように配慮した結果である．

(2) ISO/IEC 27001:2005 の"A.10 通信及び運用管理"は，今回の改正で"A.12 運用のセキュリティ"と"A.13 通信のセキュリティ"の二つの箇条に分けている．組織の情報基盤を情報システムとネットワークで構成されるものとして把握し，場面ごとに箇条を分けたものである．

(3) "A.15 供給者関係"は，新設の箇条である．附属書 A の A.15 以外の管理策は，多くは組織がその内部で直接に実施できるものである．これ

4.2 ISO/IEC 27001:2005 の附属書 A との対比

表 4.1 附属書 A の新旧対照

ISO/IEC 27001:2013 附属書A		ISO/IEC 27001:2005 附属書A	
A.5	情報セキュリティのための方針群	A.5	情報セキュリティ基本方針
A.6	情報セキュリティのための組織	A.6	情報セキュリティのための組織
A.7	人的資源のセキュリティ	A.7	資産の管理
A.8	資産の管理	A.8	人的資源のセキュリティ
A.9	アクセス制御	A.9	物理的及び環境的セキュリティ
A.10	暗号	A.10	通信及び運用管理
A.11	物理的及び環境的セキュリティ		
A.12	運用のセキュリティ	A.11	アクセス制御
A.13	通信のセキュリティ		
A.14	システムの取得，開発及び保守	A.12	情報システムの取得，開発及び保守
A.15	供給者関係		
A.16	情報セキュリティインシデント管理	A.13	情報セキュリティインシデントの管理
A.17	事業継続マネジメントにおける情報セキュリティの側面	A.14	事業継続管理
A.18	順守	A.15	順守

に対し，組織が外部の製品やサービスを調達して活用する場合には，管理策を直接に実施する主体は供給者であり，調達者としての組織は供給者に管理策を実施させるための管理を行うことになる．このような，供給者を管理するための管理策をこの箇条にまとめている．

なお，この表には現れていないが，改正に当たり管理目的及び管理策の構成を整理したことにより，管理策の単位で，箇条をまたいで置き場所を変えているものも少なくない．また，管理策の追加，削除や変更も行われている．詳細は附属書 A, ISO/IEC 27002:2013 及び関連書籍『ISO/IEC 27002:2013（JIS Q 27002:2014）情報セキュリティ管理策の実践のための規範　解説と活用ガイド』を参照されたい．

4.3　各箇条の概要

ここでは，A.5 から A.18 までの箇条ごとに，概要［(1)］と ISO/IEC 27001：2005 からの主な変更点［(2)］を説明する．

A.5　情報セキュリティのための方針群
(1) 概　要
この箇条では，情報セキュリティのための方針群に関する管理目的及び管理策を定めている．

この箇条のカテゴリ（一つの管理目的とその下の管理策の組）は，A.5.1（情報セキュリティのための経営陣の方向性）の一つだけである．その管理目的は，"情報セキュリティのための経営陣の方向性及び支持を，事業上の要求事項並びに関連する法令及び規制に従って提示するため．"としている．"経営陣の方向性及び支持"は原文では management direction and support であり，"方向性"には，経営陣が意志をもって指示あるいは指揮をとるという意味も込められている．この目的を達成するための具体的な方法として，情報セキュリティのための方針群について，その"定義，承認，発行及び通知"(A.5.1.1) 及び"レビュー"(A.5.1.2) に関する管理策を定めている．

(2) 主な変更点
(a) 情報セキュリティ方針の体系
ISO/IEC 27001：2005 では，A.5.1.1 で情報セキュリティ基本方針文書に関する管理策を定めていた．"情報セキュリティ基本方針"は，原文では，単数形の information security policy であった．これに対し，ISO/IEC 27001：2013 では，複数形の"情報セキュリティのための方針群（policies for information security 又は information security policies）"と，単数形の"情報セキュリティ方針（information security policy）"とを区別している．情報セキュリティのための方針群では，上位に一つの情報セキュリティ方針を，また，下位に個別方針を定めるものとしている．個別方針としては，"アクセス制御"，"情報分

類","物理的及び環境的セキュリティ"など組織におけるそれぞれの場面に対応する方針が想定される．このような情報セキュリティのための方針群の構成はISO/IEC 27001:2005では示されていなかったが，多くの組織における実務に合致するものである．ISO/IEC 27001:2005の"情報セキュリティ基本方針"は，ISO/IEC 27001:2013では，上位に置く"情報セキュリティ方針"に引き継がれている．

(b) 本文の"情報セキュリティ方針"との関係

A.5.1の"情報セキュリティ方針"とISO/IEC 27001:2013本文の"情報セキュリティ方針"の関係はこの規格において明示されていないが，同じものを指すと見るのが通常の解釈であろう．

(c) JISにおける管理策の実施主体

JIS Q 27001:2006では，A.5.1.1の管理策は，次のとおりであった．"情報セキュリティ基本方針文書は，経営陣によって承認され，全従業員及び関連する外部関係者に公表し，通知することが望ましい"．

他方，JIS Q 27001:2014では，A.5.1.1の管理策は次のように変更された．"情報セキュリティのための方針群は，これを定義し，管理層が承認し，発行し，従業員及び関連する外部関係者に通知することが望ましい"．

管理策の実施主体が，旧規格では"経営陣"であるのに対し，JIS Q 27001:2014では"管理層"に変わっているが，原文ではいずれも"management"である．また，JIS Q 27001:2014では注記を加え，"管理層には，経営陣及び管理者が含まれる．ただし，実務管理者（administrator）は除かれる"と説明している．このように訳語を変えた理由は，改正において加えられた下位の個別方針においては，管理策の実施者は経営陣に限るものではなく，むしろそれぞれの現場の管理層の者であることに対応したものである．元来，"management"には，現場の管理層も含む広い意味があるため，原文ではこの用語を旧規格から変えていない．

A.6 情報セキュリティのための組織

(1) 概　要

この箇条では，情報セキュリティのための組織についての管理目的及び管理策を定めている．

この箇条には，A.6.1（内部組織）及びA.6.2（モバイル機器及びテレワーキング）の二つのカテゴリがある．

(2) 主な変更点

この箇条では，組織のマネジメントが及ぶ範囲で，情報セキュリティのための組織についての管理目的及び管理策を定めている．この観点から，外部組織との関係を扱っていたISO/IEC 27001：2005のA.6.2（外部組織）は，改正に当たり廃止された．ただし，旧規格のA.6.2.3（第三者との契約におけるセキュリティ）は，A.15.1.2（供給者との合意におけるセキュリティの扱い）として，新設した箇条A.15（供給者関係）に置かれている．

また，旧規格で箇条A.11（アクセス制御）に置いていたA.11.7（モバイルコンピューティング及びテレワーキング）は，この規格では，組織における就業に関わる事項に位置付け，A.6.2（モバイル機器及びテレワーキング）としてこの箇条に移している．

A.7 人的資源のセキュリティ

(1) 概　要

この箇条では，組織が人的資源として管理する個人である従業員（employee）及び契約相手（contractor）を対象として，情報セキュリティのための管理目的及び管理策を定めている．

この箇条には，A.7.1（雇用前），A.7.2（雇用期間中）及びA.7.3（雇用の終了及び変更）の三つのカテゴリがある．この構成は旧規格のカテゴリを継承しており，個人と組織との関係をこれらの3段階で把握する視点は，改正後のISO/IEC 27001：2013も同じである．

この箇条の解釈においては，従業員及び契約相手という語でそれぞれ指し示

す範囲が，国又は組織によって異なる場合があることに留意する必要がある．日本では，雇用契約に基づき就業規則を適用する者をこの規格において従業員と呼び，業務契約を結ぶが就業規則は適用しない者を契約相手と呼ぶという解釈が目安になろう．この箇条の中でも，就業規則が前提となる A.7.2.3（懲戒手続）は，従業員だけに適用され，契約相手は適用対象に含まれていないことに注意する必要がある．契約相手は，懲戒手続を適用しない者と想定されている．契約相手の例に，コンサルタント，弁護士など，組織が業務契約をする個人がある．また，派遣労働者の場合，組織は派遣会社と契約をするが，当該個人との間では委託内容に関わる契約は通常はない．この点で契約相手（contractor）という語に違和感もあるが，組織の懲戒手続が適用されないことから，本規格では契約相手に含めることが妥当であろう．

(2) 主な変更点

ISO/IEC 27001:2005 の箇条 A.8（人的資源のセキュリティ）では，組織が人的資源として把握し，管理策の対象とする者は，従業員，契約相手及び第三者の利用者（third party users）の 3 類型であった．これに対し，ISO/IEC 27001:2013 では，箇条 A.7（人的資源のセキュリティ）で対象とする者を従業員及び契約相手に限り，第三者の利用者を除外している．

従業員及び契約相手は，組織と契約関係のある者である．これに対し，第三者の利用者は，例えば "組織への一般来訪者，組織が開設するウェブサイト（ネットバンキングなど）を利用する個人"（JIS Q 27001:2006，箇条 A.8 の注記）が想定されていた．しかし，このような第三者の利用者には，組織の管理下にある従業員を典型として想定している，役割及び責任，並びに意識向上，教育及び訓練等に関する管理策は一般には適用できない．そこで，今回の改正で，第三者の利用者は除外することとした．

ISO/IEC 27001:2005 及び ISO/IEC 27001:2013 の "人的資源のセキュリティ" で対象とする者の範囲を，**表 4.2** に示す．

表 4.2　人的資源のセキュリティで対象とする者の範囲

	ISO/IEC 27001:2005	ISO/IEC 27001:2013
従業員 (employees)	○	○
契約相手 (contractors)	○	○
第三者の利用者 (third party users)	○	—

A.8　資産の管理

(1)　概　要

この箇条では，情報セキュリティの基礎となる資産の管理に関する管理目的及び管理策を定めている．

この箇条には，A.8.1（資産に対する責任），A.8.2（情報分類）及び A.8.3（媒体の取扱い）の三つのカテゴリがある．A.8.1 及び A.8.2 は，旧規格の箇条 A.7（資産の管理）の二つのカテゴリを継承している．

A.8.1.2（資産の管理責任）の原文は，"Ownership of assets"である．また，A.8.1.2 の管理策"目録の中で維持される資産は，管理されることが望ましい．"の原文は，"Assets maintained in the inventory should be owned."である．この箇条において，"ownership"又は"be owned"の意味は，財産としての所有ではなく，責任者を指名して管理させることをいう．このため，JIS Q 27001:2014 では，"管理責任"又は"管理される"という訳語を充てている．

(2)　主な変更点

(a)　管理策の構成

ISO/IEC 27001:2005 の A.7.2.2（情報のラベル付け及び取扱い）を，ISO/IEC 27001:2013 では A.8.2.2（情報のラベル付け）及び A.8.2.3（資産の取扱い）の二つの管理策に分けている．これは，情報のラベル付けと，ラベル付けに応じた資産の取扱いとは，これらを実施する時点及び者が異なることに対応したものである．また，A.8.3（媒体の取扱い）は，ISO/IEC 27001:2005 で

4.3 各箇条の概要　　113

は箇条 A.10（通信及び運用管理）にあった A.10.7（媒体の取扱い）の内容をここへ移したものである．

(b) 管理策の対象者

箇条 A.7（人的資源のセキュリティ）では，ISO/IEC 27001:2005 とは異なり，管理策を適用する者から第三者の利用者を削除していることを述べた．これに対し，ISO/IEC 27001:2013 の箇条 A.8（資産の管理）及び箇条 A.9（アクセス制御）を含む多くの箇条では，第三者の利用者に相当する者が表現を変えて登場する．例えば，A.8.1.4（資産の返却）では，対象とする者を"従業員及び外部の利用者"としている．A.9.2.6（アクセス権の削除又は修正）においても同様である．ISO/IEC 27001:2013 で導入した"外部の利用者（external party user）"は，組織で管理する情報又は情報処理施設にアクセスする，従業員以外の者を指し，これは，ISO/IEC 27001:2005 における"契約相手"及び"第三者の利用者"を併せた範囲に相当する．契約相手以外の外部の利用者の例に，組織の施設への来訪者，組織のウェブサイトにアクセスする外部の者などがある．この規格を利用する場合には，外部の利用者に該当する者を組織の状況に応じて明確にすることになる．ISO/IEC 27001:2005 及び ISO/IEC 27001:2013 の A.8（資産の管理），A.9（アクセス制御）等において対象とする者について，ISO/IEC 27002:2005 と ISO/IEC 27001:2013 の対比を**表 4.3**に示す．

表 4.3　資産の管理，アクセス制御等で対象とする者

ISO/IEC 27001:2005	ISO/IEC 27001:2013	
従業員 （employees）	従業員 （employees）	
契約相手 （contractors）	契約相手 （contractors）	外部の利用者 （external party users）
第三者の利用者 （third party users）		

A.9 アクセス制御

(1) 概　要

この箇条では，アクセス制御に関する管理目的及び管理策を定めている．アクセス制御は，資産の管理（箇条 A.8）を前提として，情報の機密性，完全性及び可用性の維持に広く有効な手段である．

この箇条には，A.9.1（アクセス制御に対する業務上の要求事項），A.9.2（利用者アクセスの管理），A.9.3（利用者の責任）及び A.9.4（システム及びアプリケーションのアクセス制御）の四つのカテゴリがある．

(2) 主な変更点

(a) 認証手段の一般化

ISO/IEC 27001:2005 には，パスワードに関する管理策として A.11.2.3（利用者パスワードの管理）及び A.11.3.1（パスワードの利用）がある．パスワードは認証のための情報であるが，これ以外にも秘密鍵及びワンタイム・パスワードなどの情報も認証のために使用されている．そのため，改正に当たりパスワードよりも広い意味をもたせた"秘密認証情報"という語を取り入れて，パスワード以外の方法にも対応している．

(b) 管理策の削除

ISO/IEC 27001:2005 の A.11.4（ネットワークのアクセス制御）には，七つの管理策があった．ISO/IEC 27001:2013 では，これらのうち次の管理策を削除している．

　　A.11.4.2（外部から接続する利用者の認証）

　　A.11.4.4（遠隔診断用及び環境設定用ポートの保護）

　　A.11.4.6（ネットワークの接続制御）

　　A.11.4.7（ネットワークルーティング制御）

これらの管理策の内容は，この規格では，A.9.1.1（アクセス制御方針）及び A.9.1.2（ネットワーク及びネットワークサービスへのアクセス）などに基づき，組織の状況に応じて導出することになる．

(c) カテゴリの統合

ISO/IEC 27001:2005 の A.11.5（オペレーティングシステムのアクセス制御）及び A.11.6（業務用ソフトウェア及び情報のアクセス制御）は，この規格では，統合して A.9.4（システム及びアプリケーションのアクセス制御）としている．これによって，A.11.5.1（セキュリティに配慮したログオン手順），A.11.5.3（パスワード管理システム）及び A.11.6.1（情報へのアクセス制限）が情報システムを構成するオペレーティングシステム及びアプリケーションに対して一貫して適用されるように整理された．

A.10 暗　　号
(1) 概　要

この箇条では，暗号に関する管理目的及び管理策を定めている．

この箇条のカテゴリは，A.10.1（暗号による管理策）の一つだけである．その内容は，旧規格の A.12.3（暗号による管理策）と同等である．

(2) 主な変更点

旧規格では，このカテゴリは箇条 A.12（情報システムの取得，開発及び保守）の中にあったが，情報システムの開発だけでなく運用にも適用するものであることから，ISO/IEC 27001:2013 では一つの独立した箇条にしている．

A.11 物理的及び環境的セキュリティ
(1) 概　要

この箇条では，物理的及び環境的セキュリティの管理目的及び管理策を定めている．

この箇条には，A.11.1（セキュリティを保つべき領域）及び A.11.2（装置）の二つのカテゴリがある．

(2) 主な変更点

ISO/IEC 27001:2005 で箇条 A.11（アクセス制御）の下にあった A.11.3.2（無人状態にある利用者装置）及び A.11.3.3（クリアデスク・クリアスクリー

ン方針)の二つの管理策を，この規格では，この箇条のA.11.2(装置)に移している．

A.12 運用のセキュリティ
(1) 概　要

この箇条では，情報処理施設の運用における管理目的及び管理策を定めている．

この箇条には，A.12.1(運用の手順及び責任)，A.12.2(マルウェアからの保護)，A.12.3(バックアップ)，A.12.4(ログ取得及び監視)，A.12.5(運用ソフトウェアの管理)，A.12.6(技術的ぜい弱性管理)及びA.12.7(情報システムの監査に対する考慮事項)の七つのカテゴリがある．

(2) 主な変更点

ISO/IEC 27001:2005の箇条A.10(通信及び運用管理)は，通信及び情報処理施設並びに情報システムの運用に関するカテゴリを含む，大きな箇条であった．改正において，通信と運用との位置付けの違いに留意してこれを分割し，運用に関するカテゴリをこの箇条に置いている．ただし，ISO/IEC 27001:2005のA.10.2(第三者が提供するサービスの管理)は，ISO/IEC 27001:2013では箇条A.15(供給者関係)に移し，A.15.2(供給者のサービス提供の管理)としている．箇条15(供給者関係)の新設については，後出のA.15を参照されたい．

A.13 通信のセキュリティ
(1) 概　要

この箇条では，通信に関する管理目的及び管理策を定めている．

この箇条には，A.13.1(ネットワークセキュリティ管理)及びA.13.2(情報の転送)の二つのカテゴリがある．

A.13.1の管理目的は，"ネットワークにおける情報の保護，及びネットワークを支える情報処理施設の保護を確実にするため．"としている．ここでは，

4.3 各箇条の概要　　117

通信とは，ネットワーク上の電子的な通信を指している．これに対し，A.13.2の管理目的は，"組織の内部及び外部に転送した情報のセキュリティを維持するため．"であり，通信の方法はネットワークによるものに限らない．A.13.2.2では，情報を格納した媒体の運送も想定しており，また，A.13.2.4では，紙その他の媒体で組織外に提示する情報に関する秘密保持契約又は守秘義務契約に関する管理策を定めている．A.13の標題その他の箇所における"通信（communication）"は，"コミュニケーション"という訳語をあててもよい，広い意味をもつものである．

(2) 主な変更点

ISO/IEC 27001:2005の箇条A.10（通信及び運用管理）から，A.10.6（ネットワークセキュリティ管理）及びA.10.8（情報の交換）を，この規格のこの箇条に移している．"情報の交換（information exchange）"は，用語を"情報の転送（information transfer）"に変えているが，内容は同等である．双方向の通信に限らないことに対応した用語の変更である．

A.14　システムの取得，開発及び保守

(1) 概　要

この箇条では，システムの取得，開発及び保守に関する管理目的及び管理策を定めている．

この箇条には，A.14.1（情報システムのセキュリティ要求事項），A.14.2（開発及びサポートプロセスにおけるセキュリティ）及びA.14.3（試験データ）の三つのカテゴリがある．

(2) 主な変更点

(a) アプリケーションサービスに関する管理策の整備

ISO/IEC 27001:2013のA.14.1に，二つの管理策A.14.1.2（公衆ネットワーク上のアプリケーションサービスのセキュリティの考慮）及びA.14.1.3（アプリケーションサービスのトランザクションの保護）がある．これらは，ISO/IEC 27001:2013のA.10.9.1（電子商取引）及びA.10.9.2（オンライン取引）

を新しい用語及び表現で書き直したものである．これらの二つの管理策には互いに重なりがあるが，A.14.1.2が，アプリケーションサービスの利用において公衆ネットワーク上の通信に伴う情報セキュリティリスクへの対応を求めているのに対し，A.14.1.3は，アプリケーションサービスを利用して行う取引の単位であるトランザクションに着目し，取引について処理が正確であること及び取引の秘匿などを求めている．

(b) システム開発に関する管理策の整備

ISO/IEC 27001:2013のA.14.2（開発及びサポートプロセスにおけるセキュリティ）は，ISO/IEC 27001:2005のA.12.5（開発及びサポートプロセスにおけるセキュリティ）の五つの管理策に次の四つの管理策を追加したものである．

A.14.2.1（セキュリティに配慮した開発のための方針）

A.14.2.5（セキュリティに配慮したシステム構築の原則）

A.14.2.6（セキュリティに配慮した開発環境）

A.14.2.8（システムセキュリティの試験）

これによって，システム開発のライフサイクルに対応した一連の管理策が整備された．

(c) セキュアプログラミング技術の考慮

ISO/IEC 27001:2005には，A.12.2（業務用ソフトウェアでの正確な処理）があり，ここに四つの管理策A.12.2.1（入力データの妥当性確認），A.12.2.2（内部処理の管理），A.12.2.3（メッセージの完全性）及びA.12.2.4（出力データの妥当性確認）が置かれている．現在では，セキュアプログラミング技術が体系化され，特にA.12.2.1及びA.12.2.4はその一部に位置付けられる．ISO/IEC 27001:2013では，これらを個別に管理策とする方法をとらず，A.14.2.5（セキュリティに配慮したシステム構築の原則）において，セキュアプログラミングのこれらの要件にも対応している．

A.15 供給者関係

(1) 概　要

ISO/IEC 27001:2013で新設したこの箇条では，供給者関係（supplier relationships）における情報セキュリティの管理目的及び管理策を定めている．箇条A.15以外の多くの管理策は，自ら保有又は管理している情報について直接に情報セキュリティを確保するためのものであり，管理策は，その組織が自らのプロセスで実施する．例えば，A.5.1.1（情報セキュリティのための方針群），A.8.2.1（情報の分類）及びA.9.2.1（利用者登録及び登録削除）の管理策は，その組織で実施する．これに対し，組織が外部の製品及びサービスを調達し利用する場合には，供給者が，組織の情報及び資産へアクセスしたり，これを管理したりすることがある．そのため，組織の管理策が直接には情報及び資産に及ばず，組織は，供給者を管理することによって情報セキュリティの確保を図ることとなる．このような場面に対応する管理目的及び管理策を，この箇条に集めて体系化している．

この箇条には，A.15.1（供給者関係における情報セキュリティ）及び15.2（供給者のサービス提供の管理）の二つのカテゴリがある．

(2) 主な変更点

この箇条には，五つの管理策がある．その中で，A.15.1.1（供給者関係のための情報セキュリティの方針）及びA.15.1.3（ICTサプライチェーン）の二つの管理策は，改正に当たって追加したものである．

ISO/IEC 27001:2013のA.15.1.2（供給者との合意におけるセキュリティの取扱い）は，ISO/IEC 27001:2005のA.6.2.3（第三者との契約におけるセキュリティ）をこの箇条へ移したものである．これらの標題において，この規格の"合意"及び旧規格の"契約"は，いずれもagreementの訳語である．供給者関係は，一つの企業・機関などが外部の供給者から製品又はサービスを調達する場合だけでなく，企業・機関などの中で，部門間で調達・供給関係をもつ場合にも適用できる．後者では，合意は契約の形をとらない場合もあるため，JIS Q 27001:2014における翻訳ではagreementを"合意"又は"契約"

と訳し分けている．

　ISO/IEC 27001:2013 の A.15.2（供給者のサービス提供の管理）及びその管理策［A.15.2.1（供給者のサービス提供の監視及びレビュー）及び A.15.2.2（供給者のサービス提供の変更に対する管理）］は，旧規格の A.10.2（第三者が提供するサービスの管理）及び二つの管理策をこの箇条へ移したものである．

　A.15.2.2 の標題を，JIS Q 27001:2014 では，管理策の意味も考慮して"供給者のサービス提供の変更に対する管理"と訳している．JIS Q 27001:2006 では，"第三者が提供するサービスの変更に対する管理"であった．管理の対象が供給者の行為であって，サービスではないことに留意すると，この標題及び管理策の意味が正しく理解できる．

A.16　情報セキュリティインシデント管理

(1) 概　要

　この箇条では，情報セキュリティインシデント管理に関する管理目的及び管理策を定めている．

　この箇条のカテゴリは，"A.16.1　情報セキュリティインシデントの管理及びその改善"の一つだけである．

(2) 主な変更点

　この箇条は，ISO/IEC 27001:2005 の箇条 A.13（情報セキュリティインシデントの管理）を基礎に，次の二つの管理策を追加して構成している．

　　A.16.1.4（情報セキュリティ事象の評価及び決定）

　　A.16.1.5（情報セキュリティインシデントへの対応）

　この箇条で扱う情報セキュリティインシデント管理については，詳細な指針を提示する ISO/IEC 27035:2011（Information technology—Security techniques—Information security incident management）が発行された．追加した二つの管理策は，ISO/IEC 27035 の内容を反映したものである．

A.17 事業継続マネジメントにおける情報セキュリティの側面

(1) 概　要

この箇条では，組織の事業継続マネジメントにおける情報セキュリティの側面に関する管理目的及び管理策を定めている．

この箇条には，A.17.1（情報セキュリティ継続）及びA.17.2（冗長性）の二つのカテゴリがある．

(2) 主な変更点

(a) 事業継続マネジメントにおける情報セキュリティの側面の視点

ISO/IEC 27001:2005の箇条A.14（事業継続管理）は，ISO/IEC 27001:2013ではA.17.1（情報セキュリティ継続）に引き継がれている．ただし，事業継続マネジメント（事業継続管理）における情報セキュリティの側面を扱う視点が異なることに注意する必要がある．ISO/IEC 27001:2005では，組織の事業継続マネジメント全体を視野に置き，その中で情報セキュリティの側面についての管理策を提示している．特に，業務プロセスの継続に着目し，これを担う情報システムの維持及び回復に重点を置いている．これに対し，ISO/IEC 27001:2013の管理策では，組織全体の事業継続マネジメントには言及せず，情報セキュリティ及び情報セキュリティマネジメントの継続を主題にしている．

ISO/IEC 27001:2005には，情報セキュリティの範囲を超えて事業継続マネジメントを扱っているように見える部分があった．"事業継続計画が最新で効果的なものであることを確実にするために，定めに従って試験・更新することが望ましい．"という管理策（旧規格の14.1.5）は，そのような例である．このような点を整理して，ISO/IEC 27002:2013では，箇条1において規定した適用範囲に従い，情報セキュリティの範囲に主題を限定している．

新旧規格にはこのような相違があるため，旧規格の箇条A.14を実施する組織のプロセスが，必ずしも新規格のA.17.1を実施することにならない点に注意が必要である．

なお，JIS Q 27001:2006の"事業継続管理"及びJIS Q 27001:2014の"事

業継続マネジメント"は，いずれも business continuity management の訳語であるが，意味は同じである．この規格では，ISO 22301:2012（Societal security—Business continuity management systems—Requirements）の国際一致規格として制定された JIS Q 22301:2013（社会セキュリティ―事業継続マネジメントシステム―要求事項）に訳語に合わせた．

(b) 冗長性

A.17.2（冗長性）は，新たに追加されたカテゴリである．管理策を一つ置き，情報処理施設について可用性の要求事項を満たすのに十分な冗長性の確保を求めている．一般に情報セキュリティの要素である情報の可用性を確保する施策は，情報，機器，設備又は施設のような様々な段階で考えられるが，その中で施設の可用性は，事業継続マネジメントの施策でもあることから，この箇条に置いている．

A.18 順　守

(1) 概　要

この箇条では，順守に関する管理目的及び管理策を定めている．この箇条には，A.18.1（法的及び契約上の要求事項の順守）及び A.18.2（情報セキュリティのレビュー）の二つのカテゴリがある．

(2) 主な変更点

ISO/IEC 27001:2005 の A.15.1（法的要求事項の順守）及び A.15.2（セキュリティ方針及び標準の順守，並びに技術的順守）は，それぞれ，ISO/IEC 27001:2013 の A.18.1（法的及び契約上の要求事項の順守）及び A.18.2（情報セキュリティのレビュー）に継承している．また，ISO/IEC 27001:2005 の A.6.1.8（情報セキュリティの独立したレビュー）を ISO/IEC 27001:2013 では A.18.2.1（情報セキュリティの独立したレビュー）としてこの箇条に移している．

第5章

重要な補足情報

5.1 改正された ISO/IEC 27001 への認証の移行について

質問 1

既に ISMS 認証を取得していますが,今回の改正により,改正された ISO/IEC 27001 への認証の移行はどのように実施すればよいのでしょうか?

回答 1

最も読者の方に関心があると思われる,JIS Q 27001:2014(ISO/IEC 27001:2013)への移行期限については,IAF(国際認定フォーラム)の取決めに従い,次の移行期間が定められています.

(1) JIS Q 27001:2006(ISO/IEC 27001:2005)による初回審査(新規の認証)は,JIS Q 27001:2014(ISO/IEC 27001:2013)の規格発行(2013年10月1日)後1年以内に登録を完了すること,

(2) JIS Q 27001:2006(ISO/IEC 27001:2005)から JIS Q 27001:2014(ISO/IEC 27001:2013)への移行は,2015年10月1日までに完了すること.

なお,JIS Q 27001:2006(ISO/IEC 27001:2005)で既に認証登録されている組織が上記の"移行"を行う場合は,ISO/IEC 27001:2013 発行後のサーベイランス審査又は再認証審査において,JIS Q 27001:2014(ISO/IEC 27001:2013)への移行のための差分審査を受けることが必要となります.差分審査は,今回の規格改正における従来の基準との差分を確認することで実施されるものです.

詳細な JIS Q 27001:2014（ISO/IEC 27001:2013）への移行については，本解説書の"付録2　ISMS 認証制度の概要"の中で記載しています．"3. JIS Q 27001:2014（ISO/IEC 27001:2013）への移行計画"で具体的に説明をしているため，そちらを参照してください．

5.2　リスクの概念の改正とその解釈について

質問2

リスクの概念の改正について，具体的に現状のリスク分析手法やリスク対応に対して，どのように新たなインパクトがあるのでしょうか？　具体的な実例で説明してください．

回答2

情報セキュリティリスクアセスメント及び情報セキュリティリスク対応について，第3章の"6.1.2　情報セキュリティリスクアセスメント"及び第2章の"用語の解説"に基づき，事例を用いて説明します．

(1) 情報セキュリティリスクアセスメント

情報セキュリティリスクアセスメントを，図5.1と図5.2の事例を使用して，情報セキュリティリスクの特定，分析，評価を説明します．

(a) 情報セキュリティリスクの特定

ISO/IEC 27000 においては，リスクの特定が，"リスクを発見，認識及び記述するプロセス"と定義されており，リスクは，"目的に対する不確かさの影響"と定義されています．もう少し詳細に表現すると，"目的"は，図5.1の事例の場合，ISMS としては，組織の"情報セキュリティ目的"として，情報システム会社の"組織の最高位"から"関連する部門"へ展開します．リスクを特定することは，"リスク源，事象とその原因，並びに，それらが引き起こす可能性のある結果を特定する"ことになります．したがって，情報セキュリティ

5.2 リスクの概念の改正とその解釈について

リスクアセスメントにおいては"目的に影響を与えるリスク源"の特定が基本となり，情報セキュリティリスクを特定することは，データセンターの場合，図 **5.1** のデータセンターの"情報セキュリティ目的"に基づいて，図 **5.2** の事例のようになります．

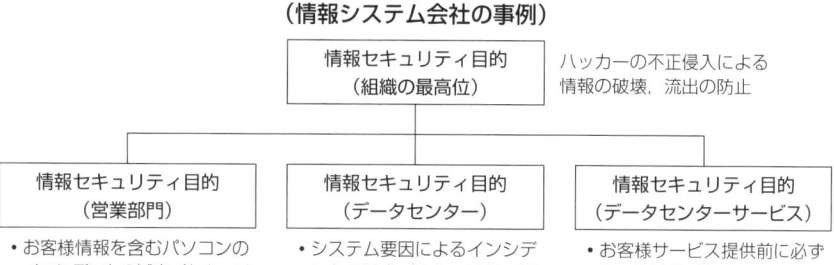

（情報システム会社の事例）

```
              情報セキュリティ目的
              （組織の最高位）          ── ハッカーの不正侵入による
                                          情報の破壊，流出の防止
   ┌────────────────┼────────────────┐
情報セキュリティ目的  情報セキュリティ目的  情報セキュリティ目的
 （営業部門）       （データセンター）  （データセンターサービス）
```

- お客様情報を含むパソコンのインシデントの減少（セキュリティ更新プログラムの適用不備によるインシデント発生：0%）
  1. 実施事項
  2. 必要な資源
  3. 責任者
  4. 達成期限
  5. 結果の評価方法

- システム要因によるインシデントの減少（セキュリティ更新プログラムの適用不備によるインシデント発生：0%）
  1. 実施事項
  2. 必要な資源
  3. 責任者
  4. 達成期限
  5. 結果の評価方法

- お客様サービス提供前に必ずSLAを締結（セキュリティ更新プログラムの適用に関するSLA：100%）
  1. 実施事項
  2. 必要な資源
  3. 責任者
  4. 達成期限
  5. 結果の評価方法

図 5.1 情報セキュリティ目的の確立（事例）

リスクの定義＝目的に対する不確かさの影響

目的に影響を与えるリスク因子

- ハッカーの不正侵入による情報の破壊，流出の防止
- **情報セキュリティ目的**
  - システム要因によるインシデントの減少（セキュリティ更新プログラムの適用不備によるインシデント発生：0%）

- **リスク源**：セキュリティ更新プログラムの機能不足と定期更新の不徹底

- **結果（consequence）**：バックドアからの情報盗難による信用・評判の低下と損害賠償請求

- **事象**：ハッカーの不正侵入，バックドアの設置を含む不正活動の実行

- **起こりやすさ（likelihood）**

図 5.2 情報セキュリティリスクアセスメントのプロセス（事例の図）

① **情報セキュリティ目的**：システム要因によるインシデントの減少（セキュリティ更新プログラムの適用不備によるインシデント発生0％）
　※図5.1の"データセンターの情報セキュリティ目的"の設定，図5.2の"情報セキュリティ目的"の適用
② **リスク源**：セキュリティ更新プログラムの機能不足と定期更新の不徹底（それ自体又はほかとの組合せによって，リスクを生じさせる力を本来潜在的にもっている要素）
③ **事象**：ハッカーの不正侵入，バックドア設置を含む不正活動の実行（情報の機密性，完全性，可用性の喪失を引き起こす事象）
④ **原因**：ハッカーの不正侵入及びバックドア設置を含む不正活動から情報を含むシステムを防御するためのセキュリティ更新プログラムが適切でなかった（機能不足，更新がされていなかった）
⑤ **結果**：バックドアからの情報盗難による信用・評判の低下と損害賠償請求（目的に影響を与える事象の結末）

上記で特定されたリスク（②～⑤）に対して，リスク所有者を特定します．リスク所有者とは，リスクアセスメントとリスク対応を実施して，リスクの運用管理に責任をもつ管理責任者のことを指します．

リスク特定の結果に基づき，リスクの包括的な一覧を作成します．リスク特定の段階では，そのリスクが重要なものかどうかで選別せず，網羅的なリスクの一覧を作成するわけです（ISO 31000による）．

(b) 情報セキュリティリスクの分析

① (a)で特定されたリスクで想定される結果（損害又は被害）を分析します．すなわち，情報の機密性，完全性及び可用性が喪失する事象が発生した結果，事業の停止や，信用の喪失，損害賠償といったダメージ（例えば，影響度無，小，中，大）の大きさを分析することになります．
② (a)で特定されたリスクの現実的な起こりやすさ（likelihood）についても分析を行います．例えば，リスク対策がない場合（例：ネットワークやサーバにセキュリティ更新プログラムを適用していない等），すぐにで

5.2 リスクの概念の改正とその解釈について

もリスク（不正侵入による情報の漏えい又は破壊など）が現実のものとなります．ここで，"起こりやすさ（likelihood）"とは，一般的に，時間軸（例：今すぐ起きる可能性がある，1年以内に起きる可能性がある，3年以内に起きる可能性がある，10年以内に起きる可能性がある）や，発生頻度（例：頻繁に発生する，時々発生する，ほとんど起きない，まれに発生する）を用いて評価されることが多いわけですが，リスク対策の程度で評価する場合もあります．

③ 次にリスクのレベルを決定します．リスクのレベルとは，上記①の結果（consequence）と上記②の起こりやすさ（likelihood）によって，決定されます．本リスクレベルの決定には，これらの二つの要素をマトリクスにした表（**表5.1**）を使用し，そのレベルを数値化することが多くあります．マトリックス表は，結果の程度と起こりやすさを数値で表し，二つの要素の積又は和でリスクのレベルを表します（上記の例は"和"で表している）．なお，結果（影響度）には，損害の程度を金額で表す場合もあります．太枠内の値をリスク値と呼びます．

④ 次に，リスク値の大きさでリスク受容基準を決定します．例えば，組織が，"影響度は小さい"が"時々起きる可能性がある"のリスクレベル（＝5）と"同等以上のリスクは許容しない"と決定すれば，リスク値＝5以上のリスク（**表5.1**の網かけ部分）がリスク受容基準を満たさないこととなり，起こりやすさを変える（可能性を下げる），結果を変える（影響度を下げる）

表5.1 二つの要素のマトリクス表の例

結果 \ 起こりやすさ		まれに発生する	ほとんど発生しない	時々起きる	頻発する
		1	2	3	4
影響 無	1	2	3	4	5
影響 小	2	3	4	5	6
影響 中	3	4	5	6	7
影響 大	4	5	6	7	8

などの対応（リスクレベルを許容範囲内に引き下げる）が必要となります．
⑤　リスクレベルは，**表5.1**のように計算値で示す場合と，ABCなどの区分で表す場合などがありますが，基本的概念は同じです．マトリクスの行列の項目数も固定ではありませんが，実際に3～5を用いている組織が一般的です．なお，リスク値はあくまでも目安であり，絶対的なものではないことを追記しておきます．

(c) 情報セキュリティリスクの評価
　①　(b)で実施したリスク分析の結果とリスク基準で定義されているリスク受容基準と比較してリスク対応候補を決定しリスクの評価をします．
　②　リスク対応のために，分析したリスクの優先順位付けを行います．

(2) 情報セキュリティリスク対応
(1)の(a)（ISO/IEC 27001の6.1.2）で特定した情報セキュリティリスクに対する対応に関しては，情報セキュリティリスク対応の選択肢の選定，管理策の決定及び適用宣言書の作成，リスク対応計画の作成，リスク所有者による承認などが必要になり，それぞれについて以下に説明します．

(a) 情報セキュリティリスク対応の選択肢の選定
(1)で特定された情報セキュリティリスクに対し，適切な対応の選択肢（次の①～⑦）を選定します．リスク対応のプロセスでは，残留リスクレベルが許容できるかできないかを判断し，許容できない場合は新たなリスク対応を検討すること，並びに，残留リスクが組織のリスク基準に適合するまで対策を評価すること，というレビュープロセスを実施することが必要になります．
リスク対応の選択肢については，次の例が挙げられます．
　①　リスクを発生させる活動を，開始又は継続しないと決定することによって，リスクを回避(avoid)すること．例えば，地震の頻発する地域へのデータセンタの新設を中止すること．
　②　ある機会を追求するために，リスクをとる（take）又は増加（increase）させること．例えば，市場を拡大するために，関連市場に，工場を建設す

5.2 リスクの概念の改正とその解釈について　　129

ること．その結果，技術情報が流出するリスクが増加する．
③ リスク源（risk source）を除去すること．例えば，システムから，情報漏えいの原因となるウィルスを除去すること．
④ 起こりやすさ（likelihood）を変えること．例えば，データセンターの設置場所を，地震の多い場所から，地震が全く発生しない場所に移設する．
⑤ 結果（consequence）を変えること．例えば，データのバックアップを実施し，データの喪失が発生しても，損失とならないように対応すること．
⑥ 一つ又は複数の他者とそのリスクを共有（share）すること．例えば，保険に加入し，セキュリティ事故の損害賠償の補償を受けること．
⑦ 情報に基づいた選択によって，リスクを保有（retain）すること．

(b) 管理策の決定及び適用宣言書の作成

選定した情報セキュリティリスク対応の選択肢の実施に必要な全ての管理策を，次の方法で決定します．

① 組織がリスク対応の選択肢の実施に必要な管理策を決定します．ISO/IEC 27001 附属書 A に加え，任意の情報源（例：NIST，COBIT，ISO/IEC 27010～ISO/IEC 27019 の分野別ガイドラインなど）から管理策を選択できます．
② ISO/IEC 27001 附属書 A の管理策と比較し，見落としがないかを検証します．最終的に，附属書 A の管理策を採用しない場合は，6.1.3 d)で要求されている適用宣言書に附属書 A の管理策を除外した理由を明記することが必要です．附属書 A の管理策は合理的な理由（対象となるリスクがないか，受容できるレベルである）がない限り，除外できないわけです．

(c) 情報セキュリティリスク対応計画

情報セキュリティリスク対応計画は，選定された対応選択肢をどのように実施するかを文書化することであり，対応計画を作成することには，例えば，次の事項を文書化することを含みます．

① どのような活動でリスクを解決するかなど，リスク対応の選択肢の選定の理由

② その計画を承認するアカンタビリティをもつ人，及びその計画を実践する責務をもつ人
③ 提案された活動
④ 提案した活動に必要な資源に関する要求事項
⑤ 活動結果によるパフォーマンス評価の方法
⑥ 報告及びモニタリングに関する要求事項
⑦ 対応時期及び日程

(d) リスク所有者による承認

リスク所有者は，情報セキュリティリスク対応計画及び残留リスク（リスク対応後に残っているリスク）の受容の内容をレビューし，内容が適切であればそれを承認します．ただし，残留リスクの受容承認については，リスク基準で定めたリスクの受容基準に従わなくてはなりません．

(3) 改正版によるインパクト

ISO/IEC 27001：2005 の "4.2.1 c) リスクアセスメントの定義，4.2.1 d) リスクの特定，4.2.1 e) リスクの分析・評価" と比較して，改正版の ISO/IEC 27001：2013 では，リスクそのものの定義，リスクの特定の手順，リスク対応の選択肢・手順など，基本的なアプローチが変更となりました．

例えば，リスクの取扱いには，リスクだけでなく機会を含めて取り扱うことに変更され，リスクそのものの定義に "目的" の意味が含まれるように変更となりました．さらに，これまでは，情報セキュリティリスクの特定は，"資産，脅威，ぜい弱性，及び機密性，完全性及び可用性の喪失に伴う資産に及ぼす影響を特定する"，という手順でありましたが，改正後は，"リスク源（第2章 2.2.3(3) で解説），事象とその原因，並びに，それらが引き起こす可能性のある結果を特定する" ように変更となりました．また，リスク対応のためのセキュリティ管理策を任意の情報源から決定できるようになりました．

したがって，これらのリスクアセスメント及びリスク対応の変更は，そのインパクトとしてのマイナス面と考えるよりも，全て，新しいビジネス環境及び

システム環境に対応できるようにするための改正となっており，今回の変更によるインパクトはプラスの面と考えることができます．

5.3 セクター別の認証について

> **質問 3**
> セクター別の認証という概念が出てきていますが，それはどのような概念に基づいているのでしょうか？　これまでの ISMS 認証との違いはどこにあるのでしょうか？

回答 3

これまで多くの組織が ISO/IEC 27001:2005 に基づく ISMS 認証を取得してきました．2013 年 12 月までに，全世界で約 8000 組織が ISMS 認証を取得しています．ISO/IEC 27001:2005 に基づく ISMS 認証は，組織の所属する業界（セクター）を問わず，どのような業界に所属する組織においても本認証が取得できるように考えられています．したがって，現在，ISMS 認証を取得している多くの組織は，図 5.3 に示すような業界に所属する組織により構成されています．

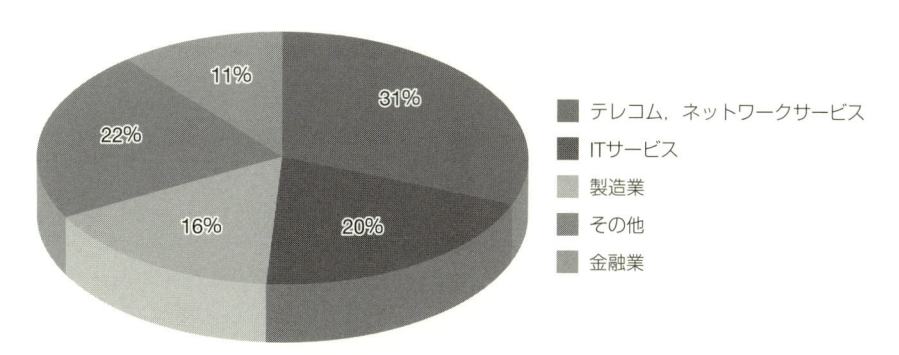

図 5.3 セクター別の ISMS 認証組織の割合
（出典：International ISMS user group）

(1) セクター(業界)別の認証という概念とは

上述しましたように，いろいろな業界(以降，セクターと呼びます)に所属する組織は，ISO/IEC 27001 に基づく ISMS 認証を取得しています．したがって，各セクターに所属する組織は，基本的に，ISO/IEC 27001 附属書 A に規定される管理策に対応していることになります．しかしながら，セクターによっては，セクター特有の脅威に対応する管理策が必要となることも事実です．例えば，上記の業界組織の中で一番 ISMS 認証件数の数の多い，"通信(テレコム)セクター"においては，ISO/IEC 27002 に基づく通信セクター特有の管理策，及び管理策実施の手引きを定めています．具体的には，"通信の秘密"に関係する管理策，DoS やスパムの脅威に対応するための管理策など，通信セクター特有の管理策，及び実施の手引きが，ITU-T 勧告 X.1051 (ISO/IEC 27011) に規定されています．このように，通信セクターにおいて ISMS を適切に確保し，運用し，改善するためには，ISO/IEC 27001 附属書 A に規定される一般的な管理策に加えて，通信セクター特有の管理策，実施の手引きを考慮することが重要となります．このような背景に基づき，一般的な ISMS 認証をベースに，セクター特有の検討に基づく管理策，実施の手引きを考慮した，拡張的な ISMS 認証を"セクター別の認証"と呼んでいます．

本セクター別の認証はまだ実現されていませんが，それを実施するためには，次の国際規格に基づく必要があると考えられています．

① ISO/IEC 27001 (管理策については，ISO/IEC 27001 附属書 A, ISO/IEC 27002)

② セクター特有(セクター別)の管理策，及び実施の手引き

上記の②については，**表 5.2** にあるように，ISO/IEC 27011 (通信セクター), ISO/IEC 27016 (金融セクター)などがこれまで国際規格化されています．さらに，クラウドコンピューティングの環境におけるクラウド事業者(クラウドセクター)のための国際規格としては，ISO/IEC 27017, ISO/IEC 27018 が検討されています．

5.3 セクター別の認証について　　　　　　　　　　　133

(2) セクター別 ISMS ガイドラインの国際規格化（全体像）

ISO/IEC JTC 1/SC 27 においては，多くのセクター別の ISMS に関連するガイドラインが策定されています．具体的な国際規格化の作業項目としては，**表5.2**にあるとおり，通信セクター，金融セクター，クラウド事業セクター，エネルギーセクターなどの作業が進められています．多くのセクター別 ISMS ガイドラインは，上述のように，ISO/IEC 27002 に規定される管理策をベースに，各セクターで必要な管理策の"実施の手引き"を具体的にガイドしています．さらに，各セクター別 ISMS ガイドラインには，その付録にセクター特有の管理策，実施の手引きが規定されています．次項に，ISO/IEC 27011 をセクター別 ISMS ガイドラインの具体例として紹介し，さらに，最近審議が始まった ISO/IEC 27009（セクターにおける認証のための ISO/IEC 27001 の利活用）について概観します．

表5.2　セクター別 ISMS ガイドラインの国際規格化状況

ISO/IEC	規格タイトル（日本語タイトルは仮訳）	制定状況
27009	セクター／サービス分野別の第三者の認定された認証のための ISO/IEC 27001 の利用及び適用	制定中
27010	セクター間及び組織間コミュニケーションのための情報セキュリティマネジメント	制定済み
27011	ISO/IEC 27002 に基づく通信事業者のための情報セキュリティマネジメントガイドライン	改正中
27015	金融サービスのための情報セキュリティマネジメントガイドライン	制定済み
27017	ISO/IEC 27002 に基づくクラウドコンピューティングサービスのための情報セキュリティ管理策の実践規範	制定中
27018	パブリッククラウドコンピューティングサービスのためのデータ保護管理策の実践規範	制定中
27019	エネルギー業界向けプロセス管理システムのための ISO/IEC 27002 に基づく情報セキュリティマネジメントの指針	制定済み

（3）テレコムセクターのための ISMS ガイドライン（ISO/IEC 27011）

ISO/IEC 27011 は，"ISO/IEC 27002 をベースとして通信セクターにおける組織（通信事業者）のための情報セキュリティマネジメントガイドライン"を規定しており，ITU-T SG17 と共同で国際規格化の策定を行っています．第1版は，2008 年に完成し発行されました．5 年が経過し，ISO/IEC 27002 の改正が 2013 年になされたことを受け，現在，本規格はこれまでと同様に ITU-T SG17 と共同で改正の作業を行っています．

具体的な事例として，通信セクター特有の脅威である"スパムメール"について，次のような管理策が ISO/IEC 27011：2008 の附属書 A には規定されています．

──────── ISO/IEC 27011：2008（仮訳）─

A.10.6.4　スパムメール対応

管理策

　電気通信事業者は，電子メールの利用についての良好な環境の整備を図るために，スパムメールへの対応方針を定め，適切な対策を実施することが望ましい．

実施の手引き

- 電気通信事業者が電気通信サービス利用者からの申告を受けてスパムメールの存在を認識し，そのスパムメールの発信者が自社の電気通信サービス加入者であった場合，その電気通信サービス加入者に対し，スパムメールの送信を停止するよう要請することが望ましい．
- こうした要請をしたにもかかわらず，電気通信サービス加入者による十分な対応が確認できない場合，又は対応が期待できない場合は，当該スパムメールの流入を阻止するために，電気通信事業者は，スパムメールの送信者に対する電気通信サービスの提供を一時中断することが望ましい．
- 電気通信設備を相互に接続している他の電気通信事業者からスパムメー

ルが送られてくる場合，当該他の事業者に対しスパムメールの送信を停止するために必要な措置を要請することが望ましい．また，要請を受けた事業者は，その要請に対し適切な対応を実施することが望ましい．
- スパムメール対策の効果を上げるため，電気通信事業者は，他の電気通信事業者，及び国内外のスパムメール対策組織との協力を密に行うことが望ましい．
- 電気通信事業者は，自国の法律，及び規制に従って，スパムメールに対する対応方針を策定し，実施することが望ましい．さらに，その対応方針を一般に公開することが望ましい．

上記の管理策や実施の手引きについては，基本となっているISO/IEC 27002には規定がなく，セクター別のガイドラインに規定されることとなります．上記の例については，2008年に策定された国際規格から引用したもので，現在改正中の規格であるため，内容的にも見直される可能性があります．**表5.2**にある，他のセクターにおいても，同様なセクター特有の実施の手引き，管理策が検討されています．

(4) ISO/IEC 27009の国際規格について

ISO/IEC JTC 1/SC 27/WG 1では，ISO/IEC 27009（Information technology — Security techniques — Sector-specific application of ISO/IEC 27001 — Requirements：ISO/IEC 27001のセクター別適用―要求事項）の検討を2013年に開始しました．本規格は，セクター／サービス分野別のために，ISO/IEC 27001の利活用に向けた要求事項，特にセクター規格の策定側に対する要求事項を規定する予定です．そのスコープとしては，次の規格化が含まれます．

- セクター特有の文脈におけるISO/IEC 27001からの要求事項の解釈の説明

- ISO/IEC 27001 に規定される要求事項に補足すべき要求事項の抽出
- ISO/IEC 27001 附属書 A に規定される管理策に補足すべき管理策の抽出

本規格の検討は始まったばかりであり,今後のセクター別の ISMS ガイドラインに大きな影響を与えるものと考えられており,今後注目すべき規格とされています.

5.4 国際規格化の活動について

> **質問 4**
>
> ISMS 関連規格を規定している ISO/IEC JTC 1/SC 27 はどのような体制で,どのように審議を進めているのでしょうか?

回答 4

(1) ISO/IEC JTC 1/SC 27 の体制と役割分担

情報セキュリティマネジメントシステムの国際規格である ISO/IEC 27000 ファミリ規格は,国際標準化機構(ISO:International Organization for Standardization)及び国際電気標準会議(IEC:International Electrotechnical Commission)の,情報技術を担当する第 1 合同技術委員会(JTC 1:Joint Technical Committee 1)の,セキュリティ技術を担当する第 27 副委員会(SC 27:Subcommittee 27),第 1 作業グループ(WG 1:Working Group 1)が担当しています.

セキュリティ技術を担当する SC 27 としては,五つの作業グループから構成されており,各作業グループは,次に示す分野の規格化を担当しています.

- WG 1:ISO/IEC 27000 ISMS ファミリ規格(セクター別規格も含みます)
- WG 2:セキュリティ技術,仕組み(暗号化技術,鍵管理技術など)
- WG 3:セキュリティ評価基準[CC(コモンクライテリア)が代表的]

5.4 国際規格化の活動について

- WG 4：ネットワークセキュリティ，アプリケーションセキュリティ，事業継続計画など，WG 1の規格をより技術的に深掘りする規格化
- WG 5：プライバシー保護，IdM（Identity管理），生体認証

（2）国際規格の開発・改正のプロセス

国際規格は，図5.4のステップで，国際規格の開発，及び改正を実施します。

- SP（Study Period）：規格開発プロジェクト妥当性検討期間
- NP（New work item proposal）：新業務項目提案と投票の実施（3か月）
- WD（Working Draft）：作業原案の作成と審議
- CD（Committee Draft）：委員会原案の作成と審議，及び投票（3か月）
- DIS（Draft International Standard）：国際規格案の作成と審議，及び投票（翻訳2か月＋投票3か月）

```
✉ NP(New work item proposal)    新業務項目提案の審査
      ↓
   WD(Working Draft)             作業原案の審議
      ↓
✉ CD(Committee Draft)           委員会原案の審議
      ↓
✉ DIS(Draft International Standard)  国際規格案の審議
      ↓
✉ FDIS(Final DIS)               最終国際規格案の審議
      ↓
   IS(International Standard)   国際規格化完了
```

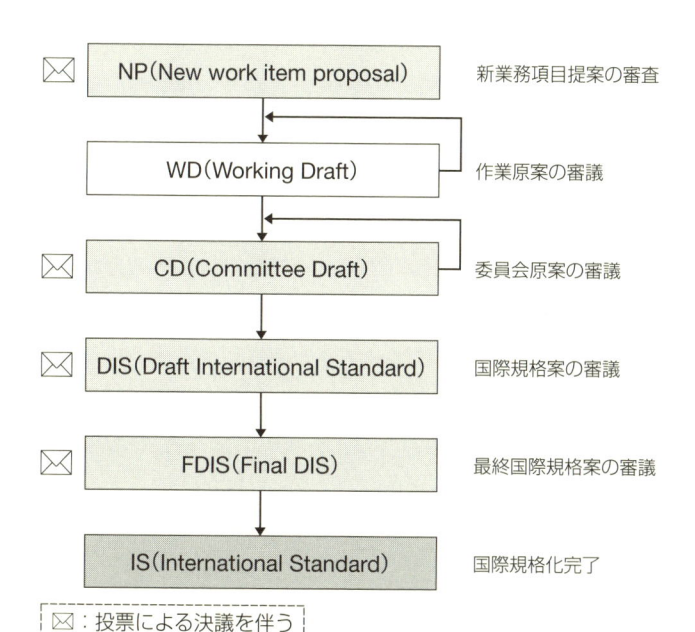

✉：投票による決議を伴う

図5.4　国際規格の開発・改正のプロセス

- FDIS（Final Draft International Standard）：最終国際規格案の作成と投票（2か月）
- IS（International Standard）：国際規格の発行

(3) 国際会議における編集会議の概要

国際規格の審議は，毎回の国際会議（SC 27）において，各国際規格ごとの編集会議で審議され，次の要領に従い，国際規格の開発作業を実施しています．

1) 開催の頻度：年2回の開催（春と秋）
2) SC 27のWG 1～WG 5の全体で同時開催
3) 会議の規模：1回当たり50か国以上，150人以上の参加
4) 国際会議における編集会議の進め方

- 各国（National Body）より提出された国際規格案に対するコメントに基づき，該国際規格の編集を実施する．
- 本編集会議は，各WGによって決められたエディタ（複数可）によって議事がとられ，各国からのコメントごとに規格への盛り込み方につき，具体的な議論を実施する．
- 会議後は，編集会議の結果の決定事項（resolutions）と新しい改正後の国際規格のドラフト（案），及び各国からのコメントの対処結果が配付される．ドラフトとコメント対処結果はエディタから提出される．
- 例えば，該国際規格が，CD（Committee Draft）の開発ステップにある場合は，編集会議後にエディタから提出されるCD文書を各国がレビューし，3か月の投票にかける．各国は，本CDがその一つ上のステップであるDISに進むことを合意する場合は，"賛成投票"を行い，DISへの移行に反対する場合は，"反対投票"を行う．反対の場合は，コメントが必要となり，各国は該規格に対するコメントを準備する．本投票は，規定される期限までに提出することが要求されている．
- 投票結果，及び各国からのコメントに基づき，次の国際会議 編集会議によってさらなる審議，及び編集作業を進める．

付録1

SD3　ISO/IEC 27001 及び ISO/IEC 27002 新旧対応表について

はじめに

SD3 の目的は，ISO/IEC 27001 及び ISO/IEC 27002 の 2005 年版と，ISO/IEC 27001 及び ISO/IEC 27002 の 2013 年版との対応関係を示すことである．

ISO/IEC 27001 及び ISO/IEC 27002 の両規格とも，通常の規格維持プロセスの一環として改正され，この改正プロセスの結果は，FDIS ISO/IEC 27001 及び FIDS ISO/IEC 27002 に包含されている．

この文書には，次の表が含まれている．
- 表 A：ISO/IEC 27001:2013 と ISO/IEC 27001:2005 対比表
- 表 B：ISO/IEC 27002:2005 と ISO/IEC 27002:2013 対比表（2005 ベース）
- 表 C：ISO/IEC 27002:2013 と ISO/IEC 27002:2005 対比表（2013 ベース）

これらの表は，旧規格の要求事項や管理策がどこに移動したのか，また新規格の要求事項や管理策がどこから移動されたものなのかを判断するために用いることができる．関連が示されている場合でも，その内容が同一であることを意味するわけではない．この文書の利用者は，自組織の文脈において変更の重要性を評価できる．

> 注記：この文書は，ISO/IEC 27001 と ISO/IEC 27002 の新版と旧版の対応関係だけを示すものであり，変更理由に関する解説的な説明は意図的に記載していない．ISO/IEC 27002 については，この対比は目的，管理策及び実施の手引に基づいている．

対象読者

この文書は，ISO/IEC 27001 及び ISO/IEC 27002 の 2005 年版から 2013 年版への移行を行う利用者にとって有用であろう．これには，認証の目的のために，ISO/IEC 27001 の更新を行う者も含む．

認証の移行に関する合意

国際認定フォーラム（IAF）は，2013 年 10 月 24，25 日に開催された IAF 総会にて，次の決定を行った．
- 技術委員会の推奨のもと，ISO/IEC 27001 を規準文書として認める．
- さらに，ISO/IEC 27001:2013 への適合の最終期限は，規格発行から 2 年間ということで合意した．
- ISO/IEC 27001:2013 発行から 1 年後に発行される新規の認定された認証は，すべて ISO/IEC 27001:2013 に対するものでなければならない．

(出典)
N13143:SD3 (Standing Document 3) Mapping Old-New Editions of ISO/IEC 27001 and ISO/IEC 27002
http://www.jtc1sc27.din.de/cmd?level=tpl-bereich&languageid=en&cmsareaid=wg1sd3

次の"SD3 に基づく JIS Q 27001 附属書 A 新旧対応表"は SD3 の表 B 及び表 C を基にして,JIS Q 27001 の"附属書A　管理目的及び管理策"の対応を示したものである.上記のとおり1対1の対応を意味するわけではないことに留意する必要がある.

SD3 に基づく JIS Q 27001 附属書 A 新旧対応表

	JIS Q 27001:2014 附属書A(規定)		JIS Q 27001:2006 附属書A(規定)	
項番	条文	項番	条文	
A.5	A.5　情報セキュリティのための方針群	A.5	A.5　セキュリティ基本方針	
A.5.1	A.5.1　情報セキュリティのための経営陣の方向性 目的　情報セキュリティのための経営陣の方向性及び支持を,事業上の要求事項並びに関連する法令及び規制に従って提示するため.	A.5.1	A.5.1　情報セキュリティ基本方針 目的:情報セキュリティのための経営陣の方向性及び支持を,事業上の要求事項,関連する法令及び規制に従って規定するため.	
A.5.1.1	A.5.1.1　情報セキュリティのための方針群 管理策 情報セキュリティのための方針群は,これを定義し,管理層が承認し,発行し,従業員及び関連する外部関係者に通知しなければならない.	A.5.1.1	A.5.1.1　情報セキュリティ基本方針文書 管理策 情報セキュリティ基本方針文書は,経営陣によって承認されなければならず,また,全従業員及び関連する外部関係者に公表し,通知しなければならない.	
A.5.1.2	A.5.1.2　情報セキュリティのための方針群のレビュー 管理策 情報セキュリティのための方針群は,あらかじめ定めた間隔で,又は重大な変化が発生した場合に,それが引き続き適切,妥当かつ有効であることを確実にするためにレビューしなければならない.	A.5.1.2	A.5.1.2　情報セキュリティ基本方針のレビュー 管理策 情報セキュリティ基本方針は,あらかじめ定められた間隔で,又は重大な変化が発生した場合に,それが引き続き適切,妥当及び有効であることを確実にするためにレビューしなければならない.	
A.6	A.6　情報セキュリティのための組織	A.6	A.6　情報セキュリティのための組織	
A.6.1	A.6.1　内部組織 目的　組織内で情報セキュリティの実施及び運用に着手し,これを統制するための管理上の枠組みを確立するため.	A.6.1	A.6.1　内部組織 目的:組織内の情報セキュリティを管理するため.	
	旧 A.6.1.1→新 A.7.2.1 へ		A.6.1.1　情報セキュリティに対する経営陣の責任	

SD3 に基づく JIS Q 27001 附属書 A 新旧対応表

	JIS Q 27001:2014 附属書 A(規定)		JIS Q 27001:2006 附属書 A(規定)	
項番	条文	項番	条文	
	旧 A.6.1.2 →削除	A.6.1.2	**A.6.1.2　情報セキュリティの調整** 管理策 情報セキュリティ活動は，組織の中の，関連する役割及び職務機能をもつ様々な部署の代表が，調整しなければならない．	
A.6.1.1	**A.6.1.1　情報セキュリティの役割及び責任** 管理策 全ての情報セキュリティの責任を定め，割り当てなければならない．	A.6.1.3	**A.6.1.3　情報セキュリティ責任の割当て** 管理策 すべての情報セキュリティ責任を，明確に定めなければならない．	
		A.8.1.1	**A.8.1.1　役割及び責任** 管理策 従業員，契約相手及び第三者の利用者のセキュリティの役割及び責任は，組織の情報セキュリティ基本方針に従って定め，文書化しなければならない．	
A.6.1.2	**A.6.1.2　職務の分離** 管理策 相反する職務及び責任範囲は，組織の資産に対する，認可されていない若しくは意図しない変更又は不正使用の危険性を低減するために，分離しなければならない．	A.10.1.3	**A.10.1.3　職務の分割** 管理策 職務及び責任範囲は，組織の資産に対する，認可されていない若しくは意図しない変更又は不正使用の危険性を低減するために，分割しなければならない．	
	旧 A.6.1.4 →削除	A.6.1.4	**A.6.1.4　情報処理設備の認可プロセス** 管理策 新しい情報処理設備に対する経営陣による認可プロセスを定め，実施しなければならない．	
	旧 A.6.1.5 →新 A.13.2.4 へ		**A.6.1.5　秘密保持契約**	
A.6.1.3	**A.6.1.3　関係当局との連絡** 管理策 関係当局との適切な連絡体制を維持しなければならない．	A.6.1.6	**A.6.1.6　関係当局との連絡** 管理策 関係当局との適切な連絡体制を維持しなければならない．	
A.6.1.4	**A.6.1.4　専門組織との連絡** 管理策 情報セキュリティに関する研究会又は会議，及び情報セキュリティの専門家による協会・団体との適切な連絡体制を維持しなければならない．	A.6.1.7	**A.6.1.7　専門組織との連絡** 管理策 情報セキュリティに関する研究会又は会議，及び情報セキュリティの専門家による協会・団体との適切な連絡体制を維持しなければならない．	
A.6.1.5	**A.6.1.5　プロジェクトマネジメントにおける情報セキュリティ** 管理策 プロジェクトの種類にかかわらず，プロ		（新規）	

	JIS Q 27001:2014 附属書A(規定)			JIS Q 27001:2006 附属書A(規定)	
項番	条文		項番	条文	
	ジェクトマネジメントにおいては，情報セキュリティに取り組まなければならない．				
	旧A.6.1.8→新A.18.2.1へ			A.6.1.8 情報セキュリティの独立したレビュー	
A.6.2	A.6.2 モバイル機器及びテレワーキング 目的 モバイル機器の利用及びテレワーキングに関するセキュリティを確実にするため．		A.11.7	A.11.7 モバイルコンピューティング及びテレワーキング[5] 目的：モバイルコンピューティング及びテレワーキングの設備を用いるときの情報セキュリティを確実にするため． 注[5] モバイルコンピューティングとは，移動中又は外出先でコンピュータを利用することであり，テレワーキングとは，要員が，自分の所属する組織の外の決まった場所で，通信技術を用いて作業することである．	
A.6.2.1	A.6.2.1 モバイル機器の方針 管理策 モバイル機器を用いることによって生じるリスクを管理するために，方針及びその方針を支援するセキュリティ対策を採用しなければならない．		A.11.7.1	A.11.7.1 モバイルのコンピューティング及び通信 管理策 モバイルコンピューティング設備・通信設備を用いた場合のリスクから保護するために，正式な方針を備えなければならず，また，適切なセキュリティ対策を採用しなければならない．	
A.6.2.2	A.6.2.2 テレワーキング 管理策 テレワーキングの場所でアクセス，処理及び保存される情報を保護するために，方針及びその方針を支援するセキュリティ対策を実施しなければならない．		A.11.7.2	A.11.7.2 テレワーキング 管理策 テレワーキングのための方針，運用計画及び手順を策定し，実施しなければならない．	
			A.6.2	A.6.2 外部組織 目的：外部組織によってアクセス，処理，通信，又は管理される組織の情報及び情報処理施設のセキュリティを維持するため．	
	旧A.6.2.1→削除		A.6.2.1	A.6.2.1 外部組織に関係したリスクの識別 管理策 外部組織がかかわる業務プロセスからの，組織の情報及び情報処理施設に対するリスクを識別しなければならない．また，外部組織にアクセスを許可する前に適切な管理策を実施しなければならない．	
	旧A.6.2.2→削除		A.6.2.2	A.6.2.2 顧客対応におけるセキュリティ 管理策	

SD3 に基づく JIS Q 27001 附属書 A 新旧対応表

	JIS Q 27001:2014 附属書 A（規定）		JIS Q 27001:2006 附属書 A（規定）
項番	条文	項番	条文
			顧客に組織の情報又は資産へのアクセスを許す前に，明確にしたすべてのセキュリティ要求事項を満たすように対処しなければならない．
	旧 A.6.2.3 → 新 A.15.1.2 へ	A.6.2.3	第三者との契約におけるセキュリティ
	旧 A.7 → 新 A.8 へ	A.7	資産の管理
	旧 A.7.1 → 新 A.8.1 へ	A.7.1	資産に対する責任
	旧 A.7.2 → 新 A.8.2 へ	A.7.2	情報の分類
A.7	A.7 人的資源のセキュリティ	A.8	A.8 人的資源のセキュリティ
			注記　A.8 では，組織の情報セキュリティに影響を与え得る者を，従業員，契約相手及び第三者の利用者の三群に大別し，また，組織とそれらの者とのかかわりの経過を，関係の開始，継続及び終了の三段階に大別して，人的資源のセキュリティを取り扱う． 　このことから A.8 では，従業員，契約相手又は第三者の利用者のいずれに関しても，組織が関係を開始することを雇用（A.8.1 参照），この関係が継続している期間を雇用期間（A.8.2 参照），この関係が終了することを雇用の終了と総称する（A.8.3 参照）．また，雇用期間中における職務内容の変更を，旧職務の雇用が終了し，新職務の雇用が開始するととらえ，これを雇用の変更と総称する（A.8.3 参照）． 　また，A.8 では，組織と従業員，契約相手及び第三者の利用者との情報セキュリティ側面での関係を規定したもの（文書化しているかどうかを問わない）を，職務定義書，雇用条件又は雇用契約書と総称し（A.8.1，A.8.2 参照），必要に応じて，組織と従業員，契約相手又は第三者の利用者との雇用の関係を，それぞれ，雇用，契約又は合意と称する（A.8.3 参照）．このことから，例えば，雇用の終了を，従業員については雇用の終了，契約相手については契約の終了，また第三者の利用者については合意の終了として，それぞれを区別することがある． 　A.8 において従業員とは，常勤・非常勤，常用・臨時，又は長期・短期などの雇用の形態を問わない．契約相手には，組織が契約を締結したサービス提供業者，下請

項番	JIS Q 27001:2014 附属書A(規定) 条文	項番	JIS Q 27001:2006 附属書A(規定) 条文
			負業者,人材派遣業者などのほかに,これら業者の従業員であって,組織と締結した契約の履行のために組織に派遣された者なども含む(派遣された者が,組織とは直接に契約を締結していないことに留意).第三者の利用者には,組織への一般来訪者,組織が開設するウェブサイト(ネットバンキングなど)の閲覧者などが含まれる.ただし,ウェブサイトの完全公開情報の閲覧については,除外する.
A.7.1	**A.7.1 雇用前** 目的 従業員及び契約相手がその責任を理解し,求められている役割にふさわしいことを確実にするため.	A.8.1	**A.8.1 雇用前** 目的:従業員,契約相手及び第三者の利用者がその責任を理解し,求められている役割にふさわしいことを確実にするとともに,盗難,不正行為,又は施設の不正使用のリスクを低減するため.
	旧A.8.1.1→新A.6.1.1へ		A.8.1.1 役割及び責任
A.7.1.1	**A.7.1.1 選考** 管理策 全ての従業員候補者についての経歴などの確認は,関連する法令,規制及び倫理に従って行わなければならない.また,この確認は,事業上の要求事項,アクセスされる情報の分類及び認識されたリスクに応じて行わなければならない.	A.8.1.2	**A.8.1.2 選考** 管理策 従業員,契約相手及び第三者の利用者のすべての候補者についての経歴などの確認は,関連のある法令,規制及び倫理に従って行わなければならない.また,この確認は,事業上の要求事項,アクセスされる情報の分類及び認識されたリスクに応じて行わなければならない.
A.7.1.2	**A.7.1.2 雇用条件** 管理策 従業員及び契約相手との雇用契約書には,情報セキュリティに関する各自の責任及び組織の責任を記載しなければならない.	A.8.1.3	**A.8.1.3 雇用条件** 管理策 従業員,契約相手及び第三者の利用者は,契約上の義務の一部として,情報セキュリティに関する,これらの者の責任及び組織の責任を記載した雇用契約書に同意し,署名しなければならない.
A.7.2	**A.7.2 雇用期間中** 目的 従業員及び契約相手が,情報セキュリティの責任を認識し,かつ,その責任を遂行することを確実にするため.	A.8.2	**A.8.2 雇用期間中** 目的:従業員,契約相手及び第三者の利用者の,情報セキュリティの脅威及び諸問題,並びに責任及び義務に対する認識を確実なものとし,通常の業務の中で組織の情報セキュリティ基本方針を維持し,人による誤りのリスクを低減できるようにすることを確実にするため.
A.7.2.1	**A.7.2.1 経営陣の責任** 管理策	A.8.2.1	**A.8.2.1 経営陣の責任** 管理策

	JIS Q 27001:2014 附属書A(規定)		JIS Q 27001:2006 附属書A(規定)	
項番	条文	項番	条文	
	経営陣は，組織の確立された方針及び手順に従った情報セキュリティの適用を，全ての従業員及び契約相手に要求しなければならない．		経営陣は，組織の確立された方針及び手順に従ったセキュリティの適用を従業員，契約相手及び第三者の利用者に要求しなければならない．	
		A.6.1.1	**A.6.1.1** 情報セキュリティに対する経営陣の責任 管理策 経営陣は，情報セキュリティの責任に関する明りょうな方向付け，自らの関与の明示，責任の明確な割当て及び承認を通して，組織内におけるセキュリティを積極的に支持しなければならない．	
A.7.2.2	**A.7.2.2** 情報セキュリティの意識向上，教育及び訓練 管理策 組織の全ての従業員，及び関係する場合には契約相手は，職務に関連する組織の方針及び手順についての，適切な，意識向上のための教育及び訓練を受けなければならず，また，定めに従ってその更新を受けなければならない．	A.8.2.2	**A.8.2.2** 情報セキュリティの意識向上，教育及び訓練 管理策 組織のすべての従業員，並びに，関係するならば，契約相手及び第三者の利用者は，職務に関連する組織の方針及び手順についての適切な意識向上のための教育・訓練を受けなければならず，また，定めに従ってそれを更新しなければならない．	
A.7.2.3	**A.7.2.3** 懲戒手続 管理策 情報セキュリティ違反を犯した従業員に対して処置をとるための，正式かつ周知された懲戒手続を備えなければならない．	A.8.2.3	**A.8.2.3** 懲戒手続 管理策 セキュリティ違反を犯した従業員に対する正式な懲戒手続を備えなければならない．	
A.7.3	**A.7.3** 雇用の終了及び変更 目的 雇用の終了又は変更のプロセスの一部として，組織の利益を保護するため．	A.8.3	**A.8.3** 雇用の終了又は変更 目的：従業員，契約相手及び第三者の利用者の組織からの離脱又は雇用の変更を所定の方法で行うことを確実にするため．	
A.7.3.1	**A.7.3.1** 雇用の終了又は変更に関する責任 管理策 雇用の終了又は変更の後もなお有効な情報セキュリティに関する責任及び義務を定め，その従業員又は契約相手に伝達し，かつ，遂行させなければならない．	A.8.3.1	**A.8.3.1** 雇用の終了又は変更に関する責任 管理策 雇用の終了又は変更の実施に対する責任は，明確に定め，割り当てなければならない．	
	旧A.8.3.2 → 新A.8.1.4 へ		A.8.3.2 資産の返却	
	旧A.8.3.3 → 新A.9.2.6 へ		A.8.3.3 アクセス権の削除	
A.8	**A.8** 資産の管理	A.7	**A.7** 資産の管理	
A.8.1	**A.8.1** 資産に対する責任 目的 組織の資産を特定し，適切な保護の	A.7.1	**A.7.1** 資産に対する責任 目的：組織の資産を適切に保護し，維持す	

	JIS Q 27001:2014 附属書A(規定)		JIS Q 27001:2006 附属書A(規定)	
項番	条文	項番	条文	
	責任を定めるため.		るため.	
A.8.1.1	**A.8.1.1 資産目録** 管理策 情報,情報に関連するその他の資産及び情報処理施設を特定しなければならない.また,これらの資産の目録を,作成し,維持しなければならない.	A.7.1.1	**A.7.1.1 資産目録** 管理策 すべての資産は,明確に識別しなければならない.また,重要な資産すべての目録を,作成し,維持しなければならない.	
A.8.1.2	**A.8.1.2 資産の管理責任**[a] 管理策 目録の中で維持される資産は,管理されなければならない. 注[a] 6.1.2 及び 6.1.3 では,情報セキュリティのリスクを運用管理することについて,責任及び権限をもつ人又は主体をリスク所有者としている.情報セキュリティにおいて,多くの場合,資産の管理責任を負う者は,リスク所有者でもある.	A.7.1.2	**A.7.1.2 資産の管理責任者** 管理策 情報及び情報処理施設と関連する資産のすべてについて,組織の中に,その管理責任者を指定しなければならない.	
A.8.1.3	**A.8.1.3 資産利用の許容範囲** 管理策 情報の利用の許容範囲,並びに情報及び情報処理施設と関連する資産の利用の許容範囲に関する規則は,明確にし,文書化し,実施しなければならない.	A.7.1.3	**A.7.1.3 資産利用の許容範囲** 管理策 情報及び情報処理施設と関連する資産の利用の許容範囲に関する規則は,明確にし,文書化し,実施しなければならない.	
A.8.1.4	**A.8.1.4 資産の返却** 管理策 全ての従業員及び外部の利用者は,雇用,契約又は合意の終了時に,自らが所持する組織の資産の全てを返却しなければならない.	A.8.3.2	**A.8.3.2 資産の返却** 管理策 すべての従業員,契約相手及び第三者の利用者は,雇用,契約又は合意の終了時に,自らが所持する組織の資産すべてを返却しなければならない.	
A.8.2	**A.8.2 情報分類** 目的 組織に対する情報の重要性に応じて,情報の適切なレベルでの保護を確実にするため.	A.7.2	**A.7.2 情報の分類** 目的:情報の適切なレベルでの保護を確実にするため.	
A.8.2.1	**A.8.2.1 情報の分類** 管理策 情報は,法的要求事項,価値,重要性,及び認可されていない開示又は変更に対して取扱いに慎重を要する度合いの観点から,分類しなければならない.	A.7.2.1	**A.7.2.1 分類の指針** 管理策 情報は,組織に対しての価値,法的要求事項,取扱いに慎重を要する度合い及び重要性の観点から,分類しなければならない.	
A.8.2.2	**A.8.2.2 情報のラベル付け** 管理策 情報のラベル付けに関する適切な一連の	A.7.2.2	**A.7.2.2 情報のラベル付け及び取扱い** 管理策 情報に対するラベル付け及び取扱いに関	

SD3 に基づく JIS Q 27001 附属書 A 新旧対応表　　　147

項番	JIS Q 27001:2014 附属書 A(規定) 条文	項番	JIS Q 27001:2006 附属書 A(規定) 条文
	手順は，組織が採用した情報分類体系に従って策定し，実施しなければならない．		する適切な一連の手順は，組織が採用した分類体系に従って策定し，実施しなければならない．
A.8.2.3	A.8.2.3　資産の取扱い 管理策 資産の取扱いに関する手順は，組織が採用した情報分類体系に従って策定し，実施しなければならない．	A.10.7.3	A.10.7.3　情報の取扱手順 管理策 情報の取扱い及び保管についての手順は，その情報を認可されていない開示又は不正使用から保護するために，確立しなければならない．
A.8.3	A.8.3　媒体の取扱い 目的　媒体に保存された情報の認可されていない開示，変更，除去又は破壊を防止するため．	A.10.7	A.10.7　媒体の取扱い 目的：資産の認可されていない開示，改ざん，除去又は破壊，及びビジネス活動の中断を防止するため．
A.8.3.1	A.8.3.1　取外し可能な媒体の管理 管理策 組織が採用した分類体系に従って，取外し可能な媒体の管理のための手順を実施しなければならない．	A.10.7.1	A.10.7.1　取外し可能な媒体の管理 管理策 取外し可能な媒体の管理のための手順は，備えなければならない．
A.8.3.2	A.8.3.2　媒体の処分 管理策 媒体が不要になった場合は，正式な手順を用いて，セキュリティを保って処分しなければならない．	A.10.7.2	A.10.7.2　媒体の処分 管理策 媒体が不要になった場合は，正式な手順を用いて，セキュリティを保ち，かつ，安全に処分しなければならない．
	旧 A.10.7.3 →新 A.8.2.3 へ		A.10.7.3　情報の取扱手順
	旧 A.10.7.4 →削除	A.10.7.4	A.10.7.4　システム文書のセキュリティ 管理策 システム文書は，認可されていないアクセスから保護しなければならない．
A.8.3.3	A.8.3.3　物理的媒体の輸送 管理策 情報を格納した媒体は，輸送の途中における，認可されていないアクセス，不正使用又は破損から保護しなければならない．	A.10.8.3	A.10.8.3　配送中の物理的媒体 管理策 情報を格納した媒体は，組織の物理的境界を越えた配送の途中における，認可されていないアクセス，不正使用又は破損から保護しなければならない．
	旧 A.9 →新 A.11 へ	A.9	A.9　物理的及び環境的セキュリティ
	旧 A.9.1 →新 A.11.1 へ	A.9.1	A.9.1　セキュリティを保つべき領域
	旧 A.9.2 →新 A.11.2 へ	A.9.2	A.9.2　装置のセキュリティ
	旧 A.10 →新 A.12 へ	A.10	A.10　通信及び運用管理
	旧 A.10.1 →新 A.12.1 へ	A.10.1	A.10.1　運用の手順及び責任
	旧 A.10.2 →新 A.15.2 へ	A.10.2	A.10.2　第三者が提供するサービスの管理

項番	JIS Q 27001:2014 附属書A(規定) 条文	項番	JIS Q 27001:2006 附属書A(規定) 条文
		A.10.3	**A.10.3 システムの計画作成及び受入れ** 目的：システム故障のリスクを最小限に抑えるため。
	旧 A.10.3.1 → 新 A.12.1.3 へ		**A.10.3.1** 容量・能力の管理
	旧 A.10.3.2 → 新 A.14.2.9 へ		**A.10.3.2** システムの受入れ
	旧 A.10.4 → 新 A.12.2 へ		**A.10.4** 悪意のあるコード及びモバイルコードからの保護
	旧 A.10.5 → 新 A.12.3 へ		**A.10.5** バックアップ
	旧 A.10.6 → 新 A.13.1 へ		**A.10.6** ネットワークセキュリティ管理
	旧 A.10.7 → 新 A.8.3 へ		**A.10.7** 媒体の取扱い
	旧 A.10.8 → 新 A.13.2 へ		**A.10.8** 情報の交換
	旧 A.10.9 → 削除（管理策は，新 14.1 参照）		**A.10.9** 電子商取引サービス
	旧 A10.10 → 新 A.12.4 へ		**A.10.10** 監視
A.9	**A.9 アクセス制御**	A.11	**A.11 アクセス制御**
A9.1	**A.9.1** アクセス制御に対する業務上の要求事項 目的　情報及び情報処理施設へのアクセスを制限するため。	A.11.1	**A.11.1** アクセス制御に対する業務上の要求事項 目的：情報へのアクセスを制御するため。
A.9.1.1	**A.9.1.1** アクセス制御方針 管理策 アクセス制御方針は，業務及び情報セキュリティの要求事項に基づいて確立し，文書化し，レビューしなければならない。	A.11.1.1	**A.11.1.1** アクセス制御方針 管理策 アクセス制御方針は，アクセスについての業務上及びセキュリティの要求事項に基づいて確立し，文書化し，レビューしなければならない。
A.9.1.2	**A.9.1.2** ネットワーク及びネットワークサービスへのアクセス 管理策 利用することを特別に認可したネットワーク及びネットワークサービスへのアクセスだけを，利用者に提供しなければならない。	A.11.4.1	**A.11.4.1** ネットワークサービスの利用についての方針 管理策 利用することを特別に認可したサービスへのアクセスだけを，利用者に提供しなければならない。
A.9.2	**A.9.2** 利用者アクセスの管理 目的　システム及びサービスへの，認可された利用者のアクセスを確実にし，認可されていないアクセスを防止するため。	A.11.2	**A.11.2** 利用者アクセスの管理 目的：情報システムへの，認可された利用者のアクセスを確実にし，認可されていないアクセスを防止するため。
A.9.2.1	**A.9.2.1** 利用者登録及び登録削除 管理策 アクセス権の割当てを可能にするために，利用者の登録及び登録削除についての正式なプロセスを実施しなければならない。	A.11.2.1	**A.11.2.1** 利用者登録 管理策 すべての情報システム及びサービスへのアクセスを許可及び無効とするために，利用者の登録・登録削除についての正式な手順を備えなければならない。

項番	JIS Q 27001:2014 附属書A(規定) 条文	項番	JIS Q 27001:2006 附属書A(規定) 条文
		A.11.5.2	**A.11.5.2 利用者の識別及び認証** 管理策 すべての利用者は，各個人の利用ごとに一意な識別子（利用者ID）を保有しなければならない．また，利用者が主張する同一性を検証するために，適切な認証技術を選択しなければならない．
A.9.2.2	**A.9.2.2 利用者アクセスの提供（provisioning）** 管理策 全ての種類の利用者について，全てのシステム及びサービスへのアクセス権を割り当てる又は無効化するために，利用者アクセスの提供についての正式なプロセスを実施しなければならない．	A.11.2.1	**A.11.2.1 利用者登録** 管理策 すべての情報システム及びサービスへのアクセスを許可及び無効とするために，利用者の登録・登録削除についての正式な手順を備えなければならない．
		A.11.2.2	**A.11.2.2 特権管理** 管理策 特権の割当て及び利用は，制限し，管理しなければならない．
A.9.2.3	**A.9.2.3 特権的アクセス権の管理** 管理策 特権的アクセス権の割当て及び利用は，制限し，管理しなければならない．		
A.9.2.4	**A.9.2.4 利用者の秘密認証情報の管理** 管理策 秘密認証情報の割当ては，正式な管理プロセスによって管理しなければならない．	A.11.2.3	**A.11.2.3 利用者パスワードの管理** 管理策 パスワードの割当ては，正式な管理プロセスによって管理しなければならない．
A.9.2.5	**A.9.2.5 利用者アクセス権のレビュー** 管理策 資産の管理責任者は，利用者のアクセス権を定められた間隔でレビューしなければならない．	A.11.2.4	**A.11.2.4 利用者アクセス権のレビュー** 管理策 管理者は，正式なプロセスを使用して，利用者のアクセス権を定められた間隔でレビューしなければならない．
A.9.2.6	**A.9.2.6 アクセス権の削除又は修正** 管理策 全ての従業員及び外部の利用者の情報及び情報処理施設に対するアクセス権は，雇用，契約又は合意の終了時に削除しなければならず，また，変更に合わせて修正しなければならない．	A.8.3.3	**A.8.3.3 アクセス権の削除** 管理策 すべての従業員，契約相手及び第三者の利用者の情報及び情報処理施設に対するアクセス権は，雇用，契約又は合意の終了時に削除しなければならず，また，変更に合わせて修正しなければならない．
A.9.3	**A.9.3 利用者の責任** 目的 利用者に対して，自らの秘密認証情報を保護する責任をもたせるため．	A.11.3	**A.11.3 利用者の責任** 目的：認可されていない利用者のアクセス，並びに情報及び情報処理設備の損傷又は盗難を防止するため．
A.9.3.1	**A.9.3.1 秘密認証情報の利用** 管理策 秘密認証情報の利用時に，組織の慣行に従うことを，利用者に要求しなければな	A.11.3.1	**A.11.3.1 パスワードの利用** 管理策 パスワードの選択及び利用時に，正しいセキュリティ慣行に従うことを，利用者

	JIS Q 27001:2014 附属書A(規定)		JIS Q 27001:2006 附属書A(規定)	
項番	条文	項番	条文	
	らない.		に要求しなければならない.	
	旧A11.3.2→新A.11.2.8へ		A.11.3.2　無人状態にある利用者装置	
	旧A11.3.3→新A.11.2.9へ		A.11.3.3　クリアデスク・クリアスクリーン方針	
			A.11.4　ネットワークのアクセス制御 目的：ネットワークを利用したサービスへの認可されていないアクセスを防止するため.	
	旧A11.4.1→新A.9.1.2へ		A.11.4.1　ネットワークサービスの利用についての方針	
	旧A.11.4.2→削除	A.11.4.2	A.11.4.2　外部から接続する利用者の認証 管理策 遠隔利用者のアクセスを管理するために，適切な認証方法を利用しなければならない.	
	旧A.11.4.3→新A.13.1.1へ		A.11.4.3　ネットワークにおける装置の識別	
	旧A.11.4.4→削除	A.11.4.4	A.11.4.4　遠隔診断用及び環境設定用ポートの保護 管理策 診断用及び環境設定用ポートへの物理的及び論理的なアクセスは，制御しなければならない.	
	旧A11.4.5→新A.13.1.3へ		A.11.4.5　ネットワークの領域分割	
	旧A.11.4.6→削除	A.11.4.6	A.11.4.6　ネットワークの接続制御 管理策 共有ネットワーク，特に，組織の境界を越えて広がっているネットワークについて，アクセス制御方針及び業務用ソフトウェアの要求事項に沿って，利用者のネットワーク接続能力を制限しなければならない（A.11.1参照）.	
	旧A.11.4.7→削除	A.11.4.7	A.11.4.7　ネットワークルーティング制御 管理策 コンピュータの接続及び情報の流れが業務用ソフトウェアのアクセス制御方針に違反しないことを確実にするために，ルーティング制御の管理策をネットワークに対して実施しなければならない.	
A.9.4	A.9.4　システム及びアプリケーションのアクセス制御	A.11.5	A.11.5　オペレーティングシステムのアクセス制御	

SD3に基づく JIS Q 27001 附属書A 新旧対応表

項番	JIS Q 27001:2014 附属書A(規定) 条文	項番	JIS Q 27001:2006 附属書A(規定) 条文
	目的　システム及びアプリケーションへの，認可されていないアクセスを防止するため．	A.11.6	目的：オペレーティングシステムへの，認可されていないアクセスを防止するため．
			A.11.6　業務用ソフトウェア及び情報のアクセス制御 目的：業務用ソフトウェアシステムが保有する情報への認可されていないアクセスを防止するため．
A.9.4.1	A.9.4.1　情報へのアクセス制限 管理策 情報及びアプリケーションシステム機能へのアクセスは，アクセス制御方針に従って，制限しなければならない．	A.11.6.1	A.11.6.1　情報へのアクセス制限 管理策 利用者及びサポート要員による情報及び業務用ソフトウェアシステム機能へのアクセスは，既定のアクセス制御方針に従って，制限しなければならない．
		A.11.6.2	A.11.6.2　取扱いに慎重を要するシステムの隔離 管理策 取扱いに慎重を要するシステムは，専用の（隔離された）コンピュータ環境をもたなければならない．
A.9.4.2	A.9.4.2　セキュリティに配慮したログオン手順 管理策 アクセス制御方針で求められている場合には，システム及びアプリケーションへのアクセスは，セキュリティに配慮したログオン手順によって制御しなければならない．	A.11.5.1	A.11.5.1　セキュリティに配慮したログオン手順 管理策 オペレーティングシステムへのアクセスは，セキュリティに配慮したログオン手順によって制御しなければならない．
		A.11.5.5	A.11.5.5　セッションのタイムアウト 管理策 一定の使用中断時間が経過したときは，使用が中断しているセッションを遮断しなければならない．
		A.11.5.6	A.11.5.6　接続時間の制限 管理策 リスクの高い業務用ソフトウェアに対しては，更なるセキュリティを提供するために，接続時間の制限を利用しなければならない．
	旧A.11.5.2→新9.2.1, 9.2.2へ		A.11.5.2　利用者の識別及び認証
A.9.4.3	A.9.4.3　パスワード管理システム 管理策 パスワード管理システムは，対話式でなければならず，また，良質なパスワードを確実とするものでなければならない．	A.11.5.3	A.11.5.3　パスワード管理システム 管理策 パスワードを管理するシステムは，対話式でなければならず，また，良質なパスワードを確実とするものでなければならない．

項番	JIS Q 27001:2014 附属書A(規定) 条文	項番	JIS Q 27001:2006 附属書A(規定) 条文
A.9.4.4	**A.9.4.4 特権的なユーティリティプログラムの使用** 管理策 システム及びアプリケーションによる制御を無効にすることのできるユーティリティプログラムの使用は，制限し，厳しく管理しなければならない．	A.11.5.4	**A.11.5.4 システムユーティリティの使用** 管理策 システム及び業務用ソフトウェアによる制御を無効にすることのできるユーティリティプログラムの使用は，制限し，厳しく管理しなければならない．
A.9.4.5	**A.9.4.5 プログラムソースコードへのアクセス制御** 管理策 プログラムソースコードへのアクセスは，制限しなければならない．	A.12.4.3	**A.12.4.3 プログラムソースコードへのアクセス制御** 管理策 プログラムソースコードへのアクセスは，制限しなければならない．
	旧A11.7→新A.6.2へ		**A.11.7 モバイルコンピューティング及びテレワーキング**
	旧A12→新A.14へ		**A.12 情報システムの取得，開発及び保守**
	旧A.12.1→新A.14.1へ	A.12.1	**A.12.1 情報システムのセキュリティ要求事項**
		A.12.2	**A.12.2 業務用ソフトウェアでの正確な処理** 目的：業務用ソフトウェアにおける情報の誤り，消失，認可されていない変更又は不正使用を防止するため．
	旧A.12.2.1→削除	A.12.2.1	**A.12.2.1 入力データの妥当性確認** 管理策 業務用ソフトウェアに入力するデータは，正確で適切であることを確実にするために，その妥当性を確認しなければならない．
	旧A.12.2.2→削除	A.12.2.2	**A.12.2.2 内部処理の管理** 管理策 処理の誤り又は故意の行為によって発生する情報の破壊を検出するために，妥当性確認の機能を業務用ソフトウェアに組み込まなければならない．
	旧A.12.2.3→削除	A.12.2.3	**A.12.2.3 メッセージの完全性** 管理策 業務用ソフトウェアの真正性を確実にするための要求事項及びメッセージの完全性を保護するための要求事項を特定しなければならず，また，適切な管理策を特定し，実施しなければならない．
	旧A.12.2.4→削除	A.12.2.4	**A.12.2.4 出力データの妥当性確認** 管理策

SD3 に基づく JIS Q 27001 附属書 A 新旧対応表　　　153

項番	JIS Q 27001:2014 附属書 A(規定) 条文	項番	JIS Q 27001:2006 附属書 A(規定) 条文
			業務用ソフトウェアからの出力データは,保存する情報の処理が正しく,かつ,状況に対して適切であることを確実にするために,その妥当性を確認しなければならない.
A.10	A.10　暗号		(新規)
A.10.1	A.10.1　暗号による管理策 目的　情報の機密性,真正性及び／又は完全性を保護するために,暗号の適切かつ有効な利用を確実にするため.	A.12.3	A.12.3　暗号による管理策 目的:暗号手段によって,情報の機密性,真正性又は完全性を保護するため.
A.10.1.1	A.10.1.1　暗号による管理策の利用方針 管理策 情報を保護するための暗号による管理策の利用に関する方針は,策定し,実施しなければならない.	A.12.3.1	A.12.3.1　暗号による管理策の利用方針 管理策 情報を保護するための暗号による管理策の利用に関する方針は,策定し,実施しなければならない.
A.10.1.2	A.10.1.2　鍵管理 管理策 暗号鍵の利用,保護及び有効期間（life-time）に関する方針を策定し,そのライフサイクル全体にわたって実施しなければならない.	A.12.3.2	A.12.3.2　かぎ（鍵）管理 管理策 組織における暗号技術の利用を支持するために,かぎ管理を実施しなければならない.
	旧 A.12.4 → 新 A.12.5 へ		A.12.4　システムファイルのセキュリティ
	旧 A.12.5 → 新 A.14.2 へ		A.12.5　開発及びサポートプロセスにおけるセキュリティ
	旧 A.12.6 → 新 A.12.6 へ		A.12.6　技術的ぜい弱性管理
A.11	A.11　物理的及び環境的セキュリティ	A.9	A.9　物理的及び環境的セキュリティ
A.11.1	A.11.1　セキュリティを保つべき領域 目的　組織の情報及び情報処理施設に対する認可されていない物理的アクセス,損傷及び妨害を防止するため.	A.9.1	A.9.1　セキュリティを保つべき領域 目的:組織の施設及び情報に対する認可されていない物理的アクセス,損傷及び妨害を防止するため.
A.11.1.1	A.11.1.1　物理的セキュリティ境界 管理策 取扱いに慎重を要する又は重要な情報及び情報処理施設のある領域を保護するために,物理的セキュリティ境界を定め,かつ,用いなければならない.	A.9.1.1	A.9.1.1　物理的セキュリティ境界 管理策 情報及び情報処理施設のある領域を保護するために,物理的セキュリティ境界（例えば,壁,カード制御による入口,有人の受付）を用いなければならない.
A.11.1.2	A.11.1.2　物理的入退管理策 管理策 セキュリティを保つべき領域は,認可された者だけにアクセスを許すことを確実にするために,適切な入退管理策によって保護しなければならない.	A.9.1.2	A.9.1.2　物理的入退管理策 管理策 セキュリティを保つべき領域は,認可された者だけにアクセスを許すことを確実にするために,適切な入退管理策によって保護しなければならない.

項番	JIS Q 27001:2014 附属書A(規定) 条文	項番	JIS Q 27001:2006 附属書A(規定) 条文
A.11.1.3	**A.11.1.3　オフィス，部屋及び施設のセキュリティ** 管理策 オフィス，部屋及び施設に対する物理的セキュリティを設計し，適用しなければならない．	A.9.1.3	**A.9.1.3　オフィス，部屋及び施設のセキュリティ** 管理策 オフィス，部屋及び施設に対する物理的セキュリティを設計し，適用しなければならない．
A.11.1.4	**A.11.1.4　外部及び環境の脅威からの保護** 管理策 自然災害，悪意のある攻撃又は事故に対する物理的な保護を設計し，適用しなければならない．	A.9.1.4	**A.9.1.4　外部及び環境の脅威からの保護** 管理策 火災，洪水，地震，爆発，暴力行為，及びその他の自然災害又は人の災害による被害からの物理的な保護を設計し，適用しなければならない．
A.11.1.5	**A.11.1.5　セキュリティを保つべき領域での作業** 管理策 セキュリティを保つべき領域での作業に関する手順を設計し，適用しなければならない．	A.9.1.5	**A.9.1.5　セキュリティを保つべき領域での作業** 管理策 セキュリティを保つべき領域での作業に関する物理的な保護及び指針を設計し，適用しなければならない．
A.11.1.6	**A11.1.6　受渡場所** 管理策 荷物の受渡場所などの立寄り場所，及び認可されていない者が施設に立ち入ることもあるその他の場所は，管理しなければならない．また，可能な場合には，認可されていないアクセスを避けるために，それらの場所を情報処理施設から離さなければならない．	A.9.1.6	**A.9.1.6　一般の人の立寄り場所及び受渡場所** 管理策 一般の人が立ち寄る場所（例えば，荷物などの受渡場所），及び敷地内の，認可されていない者が立ち入ることもある場所は，管理しなければならない． また，可能な場合には，認可されていないアクセスを避けるために，それらの場所を情報処理施設から離さなければならない．
A.11.2	**A.11.2　装置** 目的　資産の損失，損傷，盗難又は劣化，及び組織の業務に対する妨害を防止するため．	A.9.2	**A.9.2　装置のセキュリティ** 目的：資産の損失，損傷，盗難又は劣化，及び組織の活動に対する妨害を防止するため．
A.11.2.1	**A.11.2.1　装置の設置及び保護** 管理策 装置は，環境上の脅威及び災害からのリスク並びに認可されていないアクセスの機会を低減するように設置し，保護しなければならない．	A.9.2.1	**A.9.2.1　装置の設置及び保護** 管理策 装置は，環境上の脅威及び災害からのリスク並びに認可されていないアクセスの機会を低減するように設置し，又は保護しなければならない．
A.11.2.2	**A.11.2.2　サポートユーティリティ** 管理策 装置は，サポートユーティリティの不具	A.9.2.2	**A.9.2.2　サポートユーティリティ** 管理策 装置は，サポートユーティリティの不具

SD3に基づく JIS Q 27001 附属書A 新旧対応表

項番	JIS Q 27001:2014 附属書A(規定) 条文	項番	JIS Q 27001:2006 附属書A(規定) 条文
	合による,停電,その他の故障から保護しなければならない.		合による,停電,その他の故障から保護しなければならない.
A.11.2.3	**A.11.2.3 ケーブル配線のセキュリティ** 管理策 データを伝送する又は情報サービスをサポートする通信ケーブル及び電源ケーブルの配線は,傍受,妨害又は損傷から保護しなければならない.	A.9.2.3	**A.9.2.3 ケーブル配線のセキュリティ** 管理策 データを伝送する又は情報サービスをサポートする通信ケーブル及び電源ケーブルの配線は,傍受又は損傷から保護しなければならない.
A.11.2.4	**A.11.2.4 装置の保守** 管理策 装置は,可用性及び完全性を継続的に維持することを確実にするために,正しく保守しなければならない.	A.9.2.4	**A.9.2.4 装置の保守** 管理策 装置は,可用性及び完全性を継続的に維持することを確実とするために,正しく保守しなければならない.
	旧 A.9.2.5 → 新 A.11.2.6 へ	A.9.2.5	**A.9.2.5 構外にある装置のセキュリティ**
	旧 A.9.2.6 → 新 A.11.2.7 へ	A.9.2.6	**A.9.2.6 装置の安全な処分又は再利用**
A.11.2.5	**A.11.2.5 資産の移動** 管理策 装置,情報又はソフトウェアは,事前の認可なしでは,構外に持ち出してはならない.	A.9.2.7	**A.9.2.7 資産の移動** 管理策 装置,情報又はソフトウェアは,事前の認可なしでは,構外に持ち出してはならない.
A.11.2.6	**A.11.2.6 構外にある装置及び資産のセキュリティ** 管理策 構外にある資産に対しては,構外での作業に伴った,構内での作業とは異なるリスクを考慮に入れて,セキュリティを適用しなければならない.	A.9.2.5	**A.9.2.5 構外にある装置のセキュリティ** 管理策 構外にある装置に対しては,構外での作業に伴った,構内での作業とは異なるリスクを考慮に入れて,セキュリティを適用しなければならない.
A.11.2.7	**A.11.2.7 装置のセキュリティを保った処分又は再利用** 管理策 記憶媒体を内蔵した全ての装置は,処分又は再利用する前に,全ての取扱いに慎重を要するデータ及びライセンス供与されたソフトウェアを消去していること,又はセキュリティを保って上書きしていることを確実にするために,検証しなければならない.	A.9.2.6	**A.9.2.6 装置の安全な処分又は再利用** 管理策 記憶媒体を内蔵した装置は,処分する前に,取扱いに慎重を要するデータ及びライセンス供与されたソフトウェアを消去していること,又は問題が起きないように上書きしていることを確実にするために,すべてを点検しなければならない.
A.11.2.8	**A.11.2.8 無人状態にある利用者装置** 管理策 利用者は,無人状態にある装置が適切な保護対策を備えていることを確実にしなければならない.	A.11.3.2	**A.11.3.2 無人状態にある利用者装置** 管理策 利用者は,無人状態にある装置が適切な保護対策を備えていることを確実にしなければならない.

項番	JIS Q 27001:2014 附属書A(規定) 条文	項番	JIS Q 27001:2006 附属書A(規定) 条文
A.11.2.9	**A.11.2.9 クリアデスク・クリアスクリーン方針** 管理策 書類及び取外し可能な記憶媒体に対するクリアデスク方針，並びに情報処理設備に対するクリアスクリーン方針を適用しなければならない．	A.11.3.3	**A.11.3.3 クリアデスク・クリアスクリーン[4] 方針** 管理策 書類及び取外し可能な記憶媒体に対するクリアデスク方針，並びに情報処理設備に対するクリアスクリーン方針を適用しなければならない． 注[4] クリアデスクは，机上に書類を放置しないことである．また，クリアスクリーンは，情報をスクリーンに残したまま離席しないことである．
A.12	**A.12 運用のセキュリティ**	A.10	**A.10 通信及び運用管理**
A.12.1	**A.12.1 運用の手順及び責任** 目的 情報処理設備の正確かつセキュリティを保った運用を確実にするため．	A.10.1	**A.10.1 運用の手順及び責任** 目的：情報処理設備の正確，かつ，セキュリティを保った運用を確実にするため．
A.12.1.1	**A.12.1.1 操作手順書** 管理策 操作手順は，文書化し，必要とする全ての利用者に対して利用可能にしなければならない．	A.10.1.1	**A.10.1.1 操作手順書** 管理策 操作手順は，文書化し，維持しなければならない．また，その手順は，必要とするすべての利用者に対して利用可能にしなければならない．
A.12.1.2	**A.12.1.2 変更管理** 管理策 情報セキュリティに影響を与える，組織，業務プロセス，情報処理設備及びシステムの変更は，管理しなければならない．	A.10.1.2	**A.10.1.2 変更管理** 管理策 情報処理設備及びシステムの変更は，管理しなければならない．
	旧 A.10.1.3 →新 A.6.1.2 へ		**A.10.1.3 職務の分割**
A.12.1.3	**A.12.1.3 容量・能力の管理** 管理策 要求されたシステム性能を満たすことを確実にするために，資源の利用を監視・調整しなければならず，また，将来必要とする容量・能力を予測しなければならない．	A.10.3.1	**A.10.3.1 容量・能力の管理** 管理策 要求されたシステム性能を満たすことを確実にするために，資源の利用を監視・調整しなければならず，また，将来必要とする容量・能力を予測しなければならない．
A.12.1.4	**A.12.1.4 開発環境，試験環境及び運用環境の分離** 管理策 開発環境，試験環境及び運用環境は，運用環境への認可されていないアクセス又は変更によるリスクを低減するために，分離しなければならない．	A.10.1.4	**A.10.1.4 開発施設，試験施設及び運用施設の分離** 管理策 開発施設，試験施設及び運用施設は，運用システムへの認可されていないアクセス又は変更によるリスクを低減するために，分離しなければならない．

SD3に基づく JIS Q 27001 附属書A 新旧対応表

項番	JIS Q 27001:2014 附属書A(規定) 条文	項番	JIS Q 27001:2006 附属書A(規定) 条文
A.12.2	**A.12.2 マルウェアからの保護** 目的 情報及び情報処理施設がマルウェアから保護されることを確実にするため.	A.10.4	**A.10.4 悪意のあるコード及びモバイルコード[3]からの保護** 目的：ソフトウェア及び情報の完全性を保護するため. 注[3] モバイルコードとは，あるコンピュータから別のコンピュータへ移動するソフトウェアであって，利用者とのやり取りがほとんどない，又はまったくない状態で自動的に起動し，特定の機能を実行するものをいう.
A.12.2.1	**A.12.2.1 マルウェアに対する管理策** 管理策 マルウェアから保護するために，利用者に適切に認識させることと併せて，検出，予防及び回復のための管理策を実施しなければならない.	A.10.4.1	**A.10.4.1 悪意のあるコードに対する管理策** 管理策 悪意のあるコードから保護するために，検出，予防及び回復のための管理策，並びに利用者に適切に意識させるための手順を実施しなければならない.
	旧A.10.4.2→削除	A.10.4.2	**A.10.4.2 モバイルコードに対する管理策** 管理策 モバイルコードの利用が認可された場合は，認可されたモバイルコードが，明確に定められたセキュリティ方針に従って動作することを確実にする環境設定を行わなければならない. また，認可されていないモバイルコードを実行できないようにしなければならない.
A.12.3	**A.12.3 バックアップ** 目的 データの消失から保護するため.	A.10.5	**A.10.5 バックアップ** 目的：情報及び情報処理設備の完全性及び可用性を維持するため.
A.12.3.1	**A.12.3.1 情報のバックアップ** 管理策 情報，ソフトウェア及びシステムイメージのバックアップは，合意されたバックアップ方針に従って定期的に取得し，検査しなければならない.	A.10.5.1	**A.10.5.1 情報のバックアップ** 管理策 情報及びソフトウェアのバックアップは，合意されたバックアップ方針に従って定期的に取得し，検査しなければならない.
A.12.4	**A.12.4 ログ取得及び監視** 目的 イベントを記録し，証拠を作成するため.	A.10.10	**A.10.10 監視** 目的：認可されていない情報処理活動を検知するため.
A.12.4.1	**A.12.4.1 イベントログ取得** 管理策 利用者の活動，例外処理，過失及び情報セキュリティ事象を記録したイベントロ	A.10.10.1	**A.10.10.1 監査ログ取得** 管理策 利用者の活動，例外処理及びセキュリティ事象を記録した監査ログを取得しな

	JIS Q 27001:2014 附属書A(規定)		JIS Q 27001:2006 附属書A(規定)	
項番	条文	項番	条文	
	グを取得し，保持し，定期的にレビューしなければならない．		ければならず，また，将来の調査及びアクセス制御の監視を補うために，合意された期間，保持しなければならない．	
		A.10.10.5	**A.10.10.5　障害のログ取得** 管理策 障害のログを取得し，分析し，また，障害に対する適切な処置をとらなければならない．	
	旧 A.10.10.2 →削除	A.10.10.2	**A.10.10.2　システム使用状況の監視** 管理策 情報処理設備の使用状況を監視する手順を確立しなければならず，また，監視活動の結果を定めに従ってレビューしなければならない．	
A.12.4.2	**A.12.4.2　ログ情報の保護** 管理策 ログ機能及びログ情報は，改ざん及び認可されていないアクセスから保護しなければならない．	A.10.10.3	**A.10.10.3　ログ情報の保護** 管理策 ログ機能及びログ情報は，改ざん及び認可されていないアクセスから保護しなければならない．	
A.12.4.3	**A.12.4.3　実務管理者及び運用担当者の作業ログ** 管理策 システムの実務管理者及び運用担当者の作業は，記録し，そのログを保護し，定期的にレビューしなければならない．	A.10.10.4	**A.10.10.4　実務管理者及び運用担当者の作業ログ** 管理策 システムの実務管理者及び運用担当者の作業は，記録しなければならない．	
A.12.4.4	**A.12.4.4　クロックの同期** 管理策 組織又はセキュリティ領域内の関連する全ての情報処理システムのクロックは，単一の参照時刻源と同期させなければならない．	A.10.10.6	**A.10.10.6　クロックの同期** 管理策 組織又はセキュリティ領域内のすべての情報処理システム内のクロックは，合意された正確な時刻源と同期させなければならない．	
A.12.5	**A.12.5　運用ソフトウェアの管理** 目的　運用システムの完全性を確実にするため．	A.12.4	**A.12.4　システムファイルのセキュリティ** 目的：システムファイルのセキュリティを確実にするため．	
A.12.5.1	**A.12.5.1　運用システムに関わるソフトウェアの導入** 管理策 運用システムに関わるソフトウェアの導入を管理するための手順を実施しなければならない．	A.12.4.1	**A.12.4.1　運用ソフトウェアの管理** 管理策 運用システムにかかわるソフトウェアの導入を管理する手順を備えなければならない．	
	旧 A.12.4.2 →新 A14.3.1 へ		**A.12.4.2　システム試験データの保護**	
	旧 A.12.4.3 →新 A.9.4.5 へ		**A.12.4.3　プログラムソースコードへのアクセス制御**	

SD3 に基づく JIS Q 27001 附属書 A 新旧対応表

項番	JIS Q 27001:2014 附属書 A(規定) 条文	項番	JIS Q 27001:2006 附属書 A(規定) 条文
A.12.6	**A.12.6** 技術的ぜい弱性管理 目的 技術的ぜい弱性の悪用を防止するため.	A.12.6	**A.12.6** 技術的ぜい弱性管理 目的：公開された技術的ぜい弱性の悪用によって生じるリスクを低減するため.
A.12.6.1	**A.12.6.1** 技術的ぜい弱性の管理 管理策 利用中の情報システムの技術的ぜい弱性に関する情報は，時機を失せずに獲得しなければならない．また，そのようなぜい弱性に組織がさらされている状況を評価しなければならない．さらに，それらと関連するリスクに対処するために，適切な手段をとらなければならない．	A.12.6.1	**A.12.6.1** 技術的ぜい弱性の管理 管理策 利用中の情報システムの技術的ぜい弱性に関する情報は，時機を失せずに獲得しなければならない．また，そのようなぜい弱性に組織がさらされている状況を評価しなければならない．さらに，それらと関連するリスクに対処するために，適切な手段をとらなければならない．
A.12.6.2	**A.12.6.2** ソフトウェアのインストールの制限 管理策 利用者によるソフトウェアのインストールを管理する規則を確立し，実施しなければならない．	A.12.4.1	**A.12.4.1** 運用ソフトウェアの管理 ※新 A.12.5.1 参照
A.12.7	**A.12.7** 情報システムの監査に対する考慮事項 目的 運用システムに対する監査活動の影響を最小限にするため.	A.15.3	**A.15.3** 情報システムの監査に対する考慮事項 目的：情報システムに対する監査手続の有効性を最大限にするため，及びシステムの監査プロセスへの干渉及び／又はシステムの監査プロセスからの干渉を最小限にするため.
A.12.7.1	**A.12.7.1** 情報システムの監査に対する管理策 管理策 運用システムの検証を伴う監査要求事項及び監査活動は，業務プロセスの中断を最小限に抑えるために，慎重に計画し，合意しなければならない．	A.15.3.1	**A.15.3.1** 情報システムの監査に対する管理策 管理策 運用システムの点検を伴う監査要求事項及び活動は，業務プロセスの中断のリスクを最小限に抑えるために，慎重に計画され，合意されなければならない．
	旧 A.15.3.2 →削除	A.15.3.2	**A.15.3.2** 情報システムの監査ツールの保護 管理策 情報システムを監査するツールの不正使用又は悪用を防止するために，それらのツールへのアクセスは，抑制しなければならない．
A.13	**A.13** 通信のセキュリティ		(新規)
A.13.1	**A.13.1** ネットワークセキュリティ管理 目的 ネットワークにおける情報の保護，及びネットワークを支える情報処理施設の	A.10.6	**A.10.6** ネットワークセキュリティ管理 目的：ネットワークにおける情報の保護，及びネットワークを支える基盤の保護を確

	JIS Q 27001:2014 附属書A(規定)		JIS Q 27001:2006 附属書A(規定)	
項番	条文		項番	条文
A.13.1.1	保護を確実にするため。			実にするため。
	A.13.1.1　ネットワーク管理策 管理策 システム及びアプリケーション内の情報を保護するために，ネットワークを管理し，制御しなければならない。		A.10.6.1	A.10.6.1　ネットワーク管理策 管理策 ネットワークを脅威から保護するために，また，ネットワークを用いた業務用システム及び業務用ソフトウェア(処理中の情報を含む。)のセキュリティを維持するために，ネットワークを適切に管理し，制御しなければならない。
			A.11.4.3	A.11.4.3　ネットワークにおける装置の識別 管理策 特定の場所及び装置からの接続を認証するための手段として，自動の装置識別を考慮しなければならない。
A.13.1.2	A.13.1.2　ネットワークサービスのセキュリティ 管理策 組織が自ら提供するか外部委託しているかを問わず，全てのネットワークサービスについて，セキュリティ機能，サービスレベル及び管理上の要求事項を特定しなければならず，また，ネットワークサービス合意書にもこれらを盛り込まなければならない。		A.10.6.2	A.10.6.2　ネットワークサービスのセキュリティ 管理策 すべてのネットワークサービス(組織が自ら提供するか外部委託しているかを問わない。)について，セキュリティ特性，サービスレベル及び管理上の要求事項を特定しなければならず，また，いかなるネットワークサービス合意書にもこれらを盛り込まなければならない。
A.13.1.3	A.13.1.3　ネットワークの分離 管理策 情報サービス，利用者及び情報システムは，ネットワーク上で，グループごとに分離しなければならない。		A.11.4.5	A.11.4.5　ネットワークの領域分割 管理策 情報サービス，利用者及び情報システムは，ネットワーク上，グループごとに分割しなければならない。
A.13.2	A.13.2　情報の転送 目的　組織の内部及び外部に転送した情報のセキュリティを維持するため。		A.10.8	A.10.8　情報の交換 目的：組織内部で交換した及び外部と交換した，情報及びソフトウェアのセキュリティを維持するため。
A.13.2.1	A.13.2.1　情報転送の方針及び手順 管理策 あらゆる形式の通信設備を利用した情報転送を保護するために，正式な転送方針，手順及び管理策を備えなければならない。		A.10.8.1	A.10.8.1　情報交換の方針及び手順 管理策 あらゆる形式の通信設備を利用した情報交換を保護するために，正式な交換方針，手順及び管理策を備えなければならない。
A.13.2.2	A.13.2.2　情報転送に関する合意 管理策 合意では，組織と外部関係者との間の業務情報のセキュリティを保った転送につ		A.10.8.2	A.10.8.2　情報交換に関する合意 管理策 組織と外部組織との間の情報及びソフトウェアの交換について，両者間での合意

SD3 に基づく JIS Q 27001 附属書 A 新旧対応表

	JIS Q 27001:2014 附属書 A(規定)		JIS Q 27001:2006 附属書 A(規定)	
項番	条文	項番	条文	
	いて，取り扱わなければならない．		が成立しなければならない．	
	旧 A.10.8.3 →新 A.8.3.3 へ		A.10.8.3　配送中の物理的媒体	
A.13.2.3	A.13.2.3　電子的メッセージ通信 管理策 電子的メッセージ通信に含まれた情報は，適切に保護しなければならない．	A.10.8.4	A.10.8.4　電子的メッセージ通信 管理策 電子的メッセージ通信に含まれた情報は，適切に保護しなければならない．
	旧 A.10.8.5 →削除	A.10.8.5	A.10.8.5　業務用情報システム 管理策 業務用情報システムの相互接続と関連がある情報を保護するために，個別方針及び手順を策定し，実施しなければならない．
A.13.2.4	A.13.2.4　秘密保持契約又は守秘義務契約 管理策 情報保護に対する組織の要件を反映する秘密保持契約又は守秘義務契約のための要求事項は，特定し，定めに従ってレビューし，文書化しなければならない．	A.6.1.5	A.6.1.5　秘密保持契約 管理策 情報保護に対する組織の必要を反映する秘密保持契約又は守秘義務契約のための要求事項は，特定し，定めに従ってレビューしなければならない．
A.14	A.14　システムの取得，開発及び保守	A.12	A.12　情報システムの取得，開発及び保守
A.14.1	A.14.1　情報システムのセキュリティ要求事項 目的　ライフサイクル全体にわたって，情報セキュリティが情報システムに欠くことのできない部分であることを確実にするため．これには，公衆ネットワークを介してサービスを提供する情報システムのための要求事項も含む．	A.12.1	A.12.1　情報システムのセキュリティ要求事項 目的：セキュリティは情報システムの欠くことのできない部分であることを確実にするため．
A.14.1.1	A.14.1.1　情報セキュリティ要求事項の分析及び仕様化 管理策 情報セキュリティに関連する要求事項は，新しい情報システム又は既存の情報システムの改善に関する要求事項に含めなければならない．	A.12.1.1	A.12.1.1　セキュリティ要求事項の分析及び仕様化 管理策 新しい情報システム又は既存の情報システムの改善に関する業務上の要求事項を記述した文書では，セキュリティの管理策についての要求事項を仕様化しなければならない．
		A.10.9	A.10.9　電子商取引サービス 目的：電子商取引サービスのセキュリティ，及びそれらサービスのセキュリティを保った利用を確実にするため．
A.14.1.2	A.14.1.2　公衆ネットワーク上のアプリケーションサービスのセキュリティの考慮	A.10.9.1	A.10.9.1　電子商取引 管理策 公衆ネットワークを経由する電子商取引

項番	JIS Q 27001:2014 附属書A(規定) 条文	項番	JIS Q 27001:2006 附属書A(規定) 条文
A.14.1.3	管理策 公衆ネットワークを経由するアプリケーションサービスに含まれる情報は，不正行為，契約紛争，並びに認可されていない開示及び変更から保護しなければならない． **A.14.1.3　アプリケーションサービスのトランザクションの保護** 管理策 アプリケーションサービスのトランザクションに含まれる情報は，次の事項を未然に防止するために，保護しなければならない． — 不完全な通信 — 誤った通信経路設定 — 認可されていないメッセージの変更 — 認可されていない開示 — 認可されていないメッセージの複製又は再生	A.10.9.2	に含まれる情報は，不正行為，契約紛争，認可されていない開示及び改ざんから保護しなければならない． **A.10.9.2　オンライン取引** 管理策 オンライン取引に含まれる情報は，次の事項を未然に防止するために，保護しなければならない． — 不完全な通信 — 誤った通信経路設定 — 認可されていないメッセージの変更 — 認可されていない開示 — 認可されていない複製又は再生
	旧A10.9.3→削除	A.10.9.3	**A10.9.3　公開情報** 管理策 認可されていない変更を防止するために，公開システム上で利用可能な情報の完全性を保護しなければならない．
A.14.2	**A.14.2　開発及びサポートプロセスにおけるセキュリティ** 目的　情報システムの開発サイクルの中で情報セキュリティを設計し，実施することを確実にするため．	A.12.5	**A.12.5　開発及びサポートプロセスにおけるセキュリティ** 目的：業務用ソフトウェアシステムのソフトウェア及び情報のセキュリティを維持するため．
A.14.2.1	**A.14.2.1　セキュリティに配慮した開発のための方針** 管理策 ソフトウェア及びシステムの開発のための規則は，組織内において確立し，開発に対して適用しなければならない．		（新規）
A.14.2.2	**A.14.2.2　システムの変更管理手順** 管理策 開発のライフサイクルにおけるシステムの変更は，正式な変更管理手順を用いて管理しなければならない．	A.12.5.1	**A.12.5.1　変更管理手順** 管理策 変更の実施は，正式な変更管理手順の使用によって，管理しなければならない．
A.14.2.3	**A.14.2.3　オペレーティングプラットフォーム変更後のアプリケーションの技術的レビュー**	A.12.5.2	**A.12.5.2　オペレーティングシステム変更後の業務用ソフトウェアの技術的レビュー**

SD3 に基づく JIS Q 27001 附属書 A 新旧対応表　　　163

項番	JIS Q 27001:2014 附属書A(規定) 条文	項番	JIS Q 27001:2006 附属書A(規定) 条文
	管理策 オペレーティングプラットフォームを変更するときは，組織の運用又はセキュリティに悪影響がないことを確実にするために，重要なアプリケーションをレビューし，試験しなければならない．		管理策 オペレーティングシステムを変更するときは，組織の運用又はセキュリティに悪影響がないことを確実にするために，重要な業務用ソフトウェアをレビューし，試験しなければならない．
A.14.2.4	**A.14.2.4**　パッケージソフトウェアの変更に対する制限 管理策 パッケージソフトウェアの変更は，抑止しなければならず，必要な変更だけに限らなければならない．また，全ての変更は，厳重に管理しなければならない．	A.12.5.3	**A.12.5.3**　パッケージソフトウェアの変更に対する制限 管理策 パッケージソフトウェアの変更は，抑止しなければならず，必要な変更だけに限らなければならない．また，すべての変更は，厳重に管理しなければならない．
	旧 A.12.5.4 →削除	A.12.5.4	**A.12.5.4**　情報の漏えい 管理策 情報漏えいの可能性を抑止しなければならない．
A.14.2.5	**A.14.2.5**　セキュリティに配慮したシステム構築の原則 管理策 セキュリティに配慮したシステムを構築するための原則を確立し，文書化し，維持し，全ての情報システムの実装に対して適用しなければならない．		(新規)
A.14.2.6	**A14.2.6**　セキュリティに配慮した開発環境 管理策 組織は，全てのシステム開発ライフサイクルを含む，システムの開発及び統合の取組みのためのセキュリティに配慮した開発環境を確立し，適切に保護しなければならない．		(新規)
A.14.2.7	**A.14.2.7**　外部委託による開発 管理策 組織は，外部委託したシステム開発活動を監督し，監視しなければならない．	A.12.5.5	**A.12.5.5**　外部委託によるソフトウェア開発 管理策 組織は，外部委託したソフトウェア開発を監督し，監視しなければならない．
A.14.2.8	**A.14.2.8**　システムセキュリティの試験 管理策 セキュリティ機能 (functionality) の試験は，開発期間中に実施しなければならない．		(新規)
A.14.2.9	**A.14.2.9**　システムの受入れ試験	A.10.3.2	**A.10.3.2**　システムの受入れ

	JIS Q 27001:2014 附属書A(規定)		JIS Q 27001:2006 附属書A(規定)	
項番	条文	項番	条文
	管理策 新しい情報システム,及びその改訂版・更新版のために,受入れ試験のプログラム及び関連する基準を確立しなければならない.		管理策 新しい情報システム,及びその改訂版・更新版の受入れ基準を確立しなければならない.また,開発中及びその受入れ前に適切なシステム試験を実施しなければならない.
A.14.3	A.14.3 試験データ 目的 試験に用いるデータの保護を確実にするため.		(新規)
A.14.3.1	A.14.3.1 試験データの保護 管理策 試験データは,注意深く選定し,保護し,管理しなければならない.	A.12.4.2	A.12.4.2 システム試験データの保護 管理策 試験データは,注意深く選択し,保護し,管理しなければならない.
A15	A.15 供給者関係		(新規)
A.15.1	A.15.1 供給者関係における情報セキュリティ 目的 供給者がアクセスできる組織の資産の保護を確実にするため.		(新規)
A.15.1.1	A.15.1.1 供給者関係のための情報セキュリティの方針 組織の資産に対する供給者のアクセスに関連するリスクを軽減するための情報セキュリティ要求事項について,供給者と合意し,文書化しなければならない.		(新規)
A.15.1.2	A.15.1.2 供給者との合意におけるセキュリティの取扱い 管理策 関連する全ての情報セキュリティ要求事項を確立しなければならず,また,組織の情報に対して,アクセス,処理,保存若しくは通信を行う,又は組織の情報のためのIT基盤を提供する可能性のあるそれぞれの供給者と,この要求事項について合意しなければならない.	A.6.2.3	A.6.2.3 第三者との契約におけるセキュリティ 管理策 組織の情報若しくは情報処理施設が関係するアクセス・処理・通信・管理にかかわる第三者との契約,又は情報処理施設に製品・サービスを追加する第三者との契約は,関連するすべてのセキュリティ要求事項を取り上げなければならない.
A.15.1.3	A.15.1.3 ICTサプライチェーン 管理策 供給者との合意には,情報通信技術(ICT)サービス及び製品のサプライチェーンに関連する情報セキュリティリスクに対処するための要求事項を含めなければならない.		(新規)
A.15.2	A.15.2 供給者のサービス提供の管理 目的 供給者との合意に沿って,情報セ	A.10.2	A.10.2 第三者が提供するサービスの管理 目的:第三者の提供するサービスに関する

	JIS Q 27001:2014 附属書A(規定)		JIS Q 27001:2006 附属書A(規定)	
項番	条文	項番	条文	
	キュリティ及びサービス提供について合意したレベルを維持するため.		合意に沿った,情報セキュリティ及びサービスの適切なレベルを実現し,維持するため.	
A.15.2.1	A.15.2.1　供給者のサービス提供の監視及びレビュー 管理策 組織は,供給者のサービス提供を定常的に監視し,レビューし,監査しなければならない.	A.10.2.1	A.10.2.1　第三者が提供するサービス 管理策 第三者が提供するサービスに関する合意に含まれる,セキュリティ管理策,サービスの定義,及び提供サービスレベルが,第三者によって実施,運用,及び維持されることを確実にしなければならない.	
		A.10.2.2	A.10.2.2　第三者が提供するサービスの監視及びレビュー 管理策 第三者が提供するサービス,報告及び記録は,常に監視し,レビューしなければならない.また,監査も定期的に実施しなければならない.	
A.15.2.2	A.15.2.2　供給者のサービス提供の変更に対する管理 管理策 関連する業務情報,業務システム及び業務プロセスの重要性,並びにリスクの再評価を考慮して,供給者によるサービス提供の変更(現行の情報セキュリティの方針群,手順及び管理策の保守及び改善を含む.)を管理しなければならない.	A.10.2.3	A.10.2.3　第三者が提供するサービスの変更に対する管理 管理策 関連する業務システム及び業務プロセスの重要性,並びにリスクの再評価を考慮して,サービス提供の変更(現行の情報セキュリティ方針,手順及び管理策の保守・改善を含む.)を管理しなければならない.	
A.16	A.16　情報セキュリティインシデント管理	A.13	A.13　情報セキュリティインシデントの管理	
		A.13.1	A.13.1　情報セキュリティの事象及び弱点の報告 目的:情報システムに関連する情報セキュリティの事象及び弱点を,時機を失しない是正処置をとることができるやり方で連絡することを確実にするため.	
	旧A.13.1.1→新A.16.1.2へ		A.13.1.1　情報セキュリティ事象の報告	
	旧A.13.1.2→新A.16.1.3へ		A.13.1.2　セキュリティ弱点の報告	
A.16.1	A.16.1　情報セキュリティインシデントの管理及びその改善 目的　セキュリティ事象及びセキュリティ弱点に関する伝達を含む,情報セキュリティインシデントの管理のための,一貫性のある効果的な取組みを確実にするため.	A.13.2	A.13.2　情報セキュリティインシデントの管理及びその改善 目的:情報セキュリティインシデントの管理に,一貫性のある効果的な取組み方法を用いることを確実にするため.	

項番	JIS Q 27001:2014 附属書A(規定) 条文	項番	JIS Q 27001:2006 附属書A(規定) 条文
A.16.1.1	**A.16.1.1　責任及び手順** 管理策 情報セキュリティインシデントに対する迅速，効果的かつ順序だった対応を確実にするために，管理層の責任及び手順を確立しなければならない．	A.13.2.1	**A.13.2.1　責任及び手順** 管理策 情報セキュリティインシデントに対する迅速，効果的で整然とした対応を確実にするために，責任体制及び手順を確立しなければならない．
A.16.1.2	**A.16.1.2　情報セキュリティ事象の報告** 管理策 情報セキュリティ事象は，適切な管理者への連絡経路を通して，できるだけ速やかに報告しなければならない．	A.13.1.1	**A.13.1.1　情報セキュリティ事象の報告** 管理策 情報セキュリティ事象は，適切な管理者への連絡経路を通して，できるだけすみやかに報告しなければならない．
A.16.1.3	**A.16.1.3　情報セキュリティ弱点の報告** 管理策 組織の情報システム及びサービスを利用する従業員及び契約相手に，システム又はサービスの中で発見した又は疑いをもった情報セキュリティ弱点は，どのようなものでも記録し，報告するように要求しなければならない．	A.13.1.2	**A.13.1.2　セキュリティ弱点の報告** 管理策 すべての従業員，契約相手並びに第三者の情報システム及びサービスの利用者に，システム又はサービスの中で発見した又は疑いをもったセキュリティ弱点は，どのようなものでも記録し，また，報告するように要求しなければならない．
A.16.1.4	**A.16.1.4　情報セキュリティ事象の評価及び決定** 管理策 情報セキュリティ事象は，これを評価し，情報セキュリティインシデントに分類するか否かを決定しなければならない．		(新規)
A.16.1.5	**A.16.1.5　情報セキュリティインシデントへの対応** 管理策 情報セキュリティインシデントは，文書化した手順に従って対応しなければならない．		(新規)
A.16.1.6	**A.16.1.6　情報セキュリティインシデントからの学習** 管理策 情報セキュリティインシデントの分析及び解決から得られた知識は，インシデントが将来起こる可能性又はその影響を低減するために用いなければならない．	A.13.2.2	**A.13.2.2　情報セキュリティインシデントからの学習** 管理策 情報セキュリティインシデントの形態，規模及び費用を定量化し監視できるようにする仕組みを備えなければならない．
A.16.1.7	**A.16.1.7　証拠の収集** 管理策 組織は，証拠となり得る情報の特定，収集，取得及び保存のための手順を定め，適用しなければならない．	A.13.2.3	**A.13.2.3　証拠の収集** 管理策 情報セキュリティインシデント後の個人又は組織への事後処置が法的処置（民事又は刑事）に及ぶ場合には，関係する法

SD3に基づく JIS Q 27001 附属書A 新旧対応表　　　167

	JIS Q 27001:2014 附属書A(規定)		JIS Q 27001:2006 附属書A(規定)
項番	条文	項番	条文
			域で定めている証拠に関する規則に従うために，証拠を収集，保全及び提出しなければならない．
A.17	**A.17** 事業継続マネジメントにおける情報セキュリティの側面	A.14	**A.14** 事業継続管理
A.17.1	**A.17.1** 情報セキュリティ継続 目的　情報セキュリティ継続を組織の事業継続マネジメントシステムに組み込まなければならない．	A.14.1	**A.14.1** 事業継続管理における情報セキュリティの側面 目的：情報システムの重大な故障又は災害の影響からの事業活動の中断に対処するとともに，それらから重要な業務プロセスを保護し，また，事業活動及び重要な業務プロセスの時機を失しない再開を確実にするため．
A.17.1.1	**A.17.1.1** 情報セキュリティ継続の計画 管理策 組織は，困難な状況(adverse situation)（例えば，危機又は災害）における，情報セキュリティ及び情報セキュリティマネジメントの継続のための要求事項を決定しなければならない．	A.14.1.1	**A.14.1.1** 事業継続管理手続への情報セキュリティの組込み 管理策 組織全体を通じた事業継続のために，組織の事業継続に必要な情報セキュリティの要求事項を取り扱う，管理された手続を策定し，維持しなければならない．
		A.14.1.2	**A.14.1.2** 事業継続及びリスクアセスメント 管理策 業務プロセスの中断を引き起こし得る事象は，そのような中断の発生確率及び影響，並びに中断が情報セキュリティに及ぼす結果とともに，特定しなければならない．
		A.14.1.3	**A.14.1.3** 情報セキュリティを組み込んだ事業継続計画の策定及び実施 管理策 重要な業務プロセスの中断又は不具合発生の後，運用を維持又は復旧するために，また，要求されたレベル及び時間内での情報の可用性を確実にするために，計画を策定し，実施しなければならない．
A.17.1.2	**A.17.1.2** 情報セキュリティ継続の実施 管理策 組織は，困難な状況の下で情報セキュリティ継続に対する要求レベルを確実にするための，プロセス，手順及び管理策を確立し，文書化し，実施し，維持しなければならない．	A.14.1.1	**A.14.1.1** 事業継続管理手続への情報セキュリティの組込み ※新 A.17.1.1 参照
		A.14.1.3	**A.14.1.3** 情報セキュリティを組み込んだ事業継続計画の策定及び実施 ※新 A.17.1.1 参照

項番	JIS Q 27001:2014 附属書A(規定) 条文	項番	JIS Q 27001:2006 附属書A(規定) 条文
	旧 A.14.1.4 →削除	A.14.1.4	**A.14.1.4　事業継続計画策定の枠組み** 管理策 すべての計画が整合したものになることを確実にするため，情報セキュリティ上の要求事項を矛盾なく取り扱うため，また，試験及び保守の優先順位を特定するために，一つの事業継続計画の枠組みを維持しなければならない。
A.17.1.3	**A.17.1.3　情報セキュリティ継続の検証，レビュー及び評価** 管理策 確立及び実施した情報セキュリティ継続のための管理策が，困難な状況の下で妥当かつ有効であることを確実にするために，組織は，定められた間隔でこれらの管理策を検証しなければならない。	A.14.1.5	**A.14.1.5　事業継続計画の試験，維持及び再評価** 管理策 事業継続計画は，最新で効果的なものであることを確実にするために，定めに従って試験・更新しなければならない。
A.17.2	**A.17.2　冗長性** 目的　情報処理施設の可用性を確実にするため。		(新規)
A.17.2.1	**A.17.2.1　情報処理施設の可用性** 管理策 情報処理施設は，可用性の要求事項を満たすのに十分な冗長性をもって，導入しなければならない。		(新規)
A18	**A.18　順守**	A.15	**A.15　順守**
A.18.1	**A.18.1　法的及び契約上の要求事項の順守** 目的　情報セキュリティに関連する法的，規制又は契約上の義務に対する違反，及びセキュリティ上のあらゆる要求事項に対する違反を避けるため。	A.15.1	**A.15.1　法的要求事項の順守** 目的：法令，規制又は契約上のあらゆる義務，及びセキュリティ上のあらゆる要求事項に対する違反を避けるため。 <u>注記　法的順守は，しばしば，コンプライアンスといわれることがある。</u>
A.18.1.1	**A.18.1.1　適用法令及び契約上の要求事項の特定** 管理策 各情報システム及び組織について，全ての関連する法令，規制及び契約上の要求事項，並びにこれらの要求事項を満たすための組織の取組みを，明確に特定し，文書化し，また，最新に保たなければならない。	A.15.1.1	**A.15.1.1　適用法令の識別** 管理策 各情報システム及び組織について，すべての関連する法令，規制及び契約上の要求事項，並びにこれらの要求事項を満たすための組織の取組み方を，明確に定め，文書化し，また，最新に保たなければならない。
A.18.1.2	**A.18.1.2　知的財産権** 管理策 知的財産権及び権利関係のあるソフト	A.15.1.2	**A.15.1.2　知的財産権（IPR）** 管理策 知的財産権が存在する可能性があるもの

SD3 に基づく JIS Q 27001 附属書 A 新旧対応表

項番	JIS Q 27001:2014 附属書A(規定) 条文	項番	JIS Q 27001:2006 附属書A(規定) 条文
	ウェア製品の利用に関連する，法令，規制及び契約上の要求事項の順守を確実にするための適切な手順を実施しなければならない．		を利用するとき，及び権利関係のあるソフトウェア製品を利用するときは，法令，規制及び契約上の要求事項の順守を確実にするための適切な手順を導入しなければならない．
A.18.1.3	**A.18.1.3　記録の保護** 管理策 記録は，法令，規制，契約及び事業上の要求事項に従って，消失，破壊，改ざん，認可されていないアクセス及び不正な流出から保護しなければならない．	A.15.1.3	**A.15.1.3　組織の記録の保護** 管理策 重要な記録は，法令，規制，契約及び事業上の要求事項に従って，消失，破壊及び改ざんから保護しなければならない．
A.18.1.4	**A.18.1.4　プライバシー及び個人を特定できる情報（PII）の保護** 管理策 プライバシー及びPIIの保護は，関連する法令及び規制が適用される場合には，その要求に従って確実にしなければならない．	A.15.1.4	**A.15.1.4　個人データ及び個人情報の保護** 管理策 個人データ及び個人情報の保護は，関連する法令，規制，及び適用がある場合には，契約条項の中の要求に従って確実にしなければならない．
	旧 A.15.1.5 →削除	A.15.1.5	**A.15.1.5　情報処理施設の不正使用防止** 管理策 認可されていない目的のための情報処理施設の利用は，阻止しなければならない．
A.18.1.5	**A.18.1.5　暗号化機能に対する規制** 管理策 暗号化機能は，関連する全ての協定，法令及び規制を順守して用いなければならない．	A.15.1.6	**A.15.1.6　暗号化機能に対する規制** 管理策 暗号化機能は，関連するすべての協定，法令及び規制を順守して用いなければならない．
A.18.2	**A.18.2　情報セキュリティのレビュー** 目的　組織の方針及び手順に従って情報セキュリティが実施され，運用されることを確実にするため．	A.15.2	**A.15.2　セキュリティ方針及び標準の順守，並びに技術的順守** 目的：組織のセキュリティ方針及び標準類へのシステムの順守を確実にするため．
A.18.2.1	**A.18.2.1　情報セキュリティの独立したレビュー** 管理策 情報セキュリティ及びその実施の管理（例えば，情報セキュリティのための管理目的，管理策，方針，プロセス，手順）に対する組織の取組みについて，あらかじめ定めた間隔で，又は重大な変化が生じた場合に，独立したレビューを実施しなければならない．	A.6.1.8	**A.6.1.8　情報セキュリティの独立したレビュー** 管理策 情報セキュリティ及びその実施のマネジメントに対する組織の取組み（例えば，情報セキュリティのための管理目的，管理策，方針，プロセス，手順）について，あらかじめ計画した間隔で，又はセキュリティの実施に重大な変化が生じた場合に，独立したレビューを実施しなければならない．

項番	JIS Q 27001:2014 附属書A（規定） 条文	項番	JIS Q 27001:2006 附属書A（規定） 条文
A.18.2.2	**A.18.2.2　情報セキュリティのための方針群及び標準の順守** 管理策 管理者は，自分の責任の範囲内における情報処理及び手順が，適切な情報セキュリティのための方針群，標準類，及び他の全てのセキュリティ要求事項を順守していることを定期的にレビューしなければならない．	A.15.2.1	**A.15.2.1　セキュリティ方針及び標準の順守** 管理策 管理者は，セキュリティ方針及び標準類への順守を達成するために，自分の責任範囲におけるすべてのセキュリティ手順が正しく実行されることを確実にしなければならない．
A.18.2.3	**A.18.2.3　技術的順守のレビュー** 管理策 情報システムを，組織の情報セキュリティのための方針群及び標準の順守に関して，定めに従ってレビューしなければならない．	A.15.2.2	**A.15.2.2　技術的順守の点検** 管理策 情報システムを，セキュリティ実施標準の順守に関して，定めに従って点検しなければならない．
	旧 A.15.3 → 新 A.12.7 へ		A.15.3　情報システムの監査に対する考慮事項

付録 2

ISMS 認証制度の概要

1. ISMS 適合性評価制度とは

　情報の電子化が飛躍的に進化した昨今，情報は常に様々な脅威にさらされており，どのように保護するかが課題となります．情報を保護するに当たって，組織にとって価値ある情報資産をどのようにマネジメントするかという視点でとらえることが重要であり，それを支援する仕組みが ISMS です．

　ISMS は，リスクマネジメントプロセスを適用することによって情報の機密性，完全性，及び可用性を維持し，リスクを適切に管理することです．つまり，情報が権限を与えられた人以外に漏れないこと，正確であり改ざんなどが行われないこと，そして権限を与えられた人が必要なときにその情報を利用できることを維持し，そのリスクをマネジメントすることが求められます．情報を適切に管理し，有効な資産として活用するためには，ISMS の構築・運用が不可欠となります．

　日本国内では，ISMS を対象とした第三者による認証制度として，2002 年 4 月より ISMS 適合性評価制度（以下，ISMS 制度という）が開始されました．ISMS 制度は，他のマネジメントシステムなどと同様の仕組みです．言い換えれば ISMS 制度は，組織が構築・運用した ISMS が認証基準である JIS Q 27001 に適合していることを，第三者の認証機関が保証するものです．ISMS 制度の認証を取得することは，個人情報など様々な情報に対して，情報漏えいの未然防止，不正アクセスへの対応などの事故対応力があり，リスクが適切に管理されていることを意味しています．現在，ISMS 制度における ISMS 認証取得組織数は，4,493 件（2014 年 3 月現在）に達しています．

　ISO（国際標準化機構）による ISO Survey 2012 では，世界全体で ISMS

認証を取得している組織は，19,577件あります．なかでも，日本のISMS認証取得数は7,199件と約4割を占めており，2位の英国（1,701件），インド（1,600件）を大きく引き離し，圧倒的なシェアをもつ点で注目されています．ISMSの国際的な対応が最も進んでいる国といえます．また，このISO Surveyによると，世界103か国にわたってISMS認証取得が行われており，世界各国で幅広く利用されていることが窺えます．

http://www.iso.org/iso/iso_survey_executive-summary.pdf

2. 適合性評価制度の概要

ISMS制度とは，独立した外部の機関によって実施される第三者認証制度のことであり，それを適合性評価制度といいます．これは，組織が外部の利害関係者に対して何かを保証したいときに，組織と利害関係にない第三者機関（認証機関）が監査（制度では"監査"という用語を使わず，"審査"を用います．）を実施して，その有効性を保証することです．言い換えれば，ISMS適合性評価度とは，第三者である認証機関が審査を実施し，実施する組織のISMSが認証基準［JIS Q 27001（ISO/IEC 27001）］の要求事項に適合しているか否かを審査し，審査結果を登録・公表（制度では"認証"といいます．）することです．

ISMS認証取得を希望する組織は，自社のISMSを構築し，運用した後，認証機関へ申請しますが，その認証が信頼できるものであることを保証するために，認定を受けた認証機関を選択する必要があります．認定とは，認証機関が行う認証に不正があったり，不正確であったりしては，認証の信頼性に疑問が生じるので，認定機関がこれらの認証機関を審査し，認証を遂行する能力があるかどうかを公式に認めることです．

なお，適合性評価制度における認証機関を審査する基準は，JIS Q 27006（ISO/IEC 27006）に基づいています．また，認定機関自身もJIS Q 17011（ISO/IEC 17011）という規格に適合した運用を実施しており，ISMS適合性

評価制度は国際的な認定・認証スキームに合致した制度となっています．

(1) 認証機関の選択

認定された認証機関は業種による制限はありませんので，どの業種も審査することができます．ただし，審査において業種特有の専門知識が必要な場合は，認証機関として申請を受け付けないこともあり得ますので，申請の受付については事前に確認するとよいでしょう．また，組織との利害関係が絡む場合には，審査が実施されないこともあるので十分な注意が必要です．

認証機関の選択後，認証審査・登録に関する条件について事前に確認し，組織内での合意（受審の意思決定）をしてから申請することになります．特に，認証登録に関わる料金は，認証審査の適用範囲や受審組織の規模やプロセスの複雑さなどによっても異なりますので，認証機関から費用見積りをとることをお勧めします．

(2) 審査登録

申請が受理され，認証機関との認証契約等の締結後，審査チームの編成や審査の日程等が調整され，審査が開始されます．

初回審査は，第一段階審査と第二段階審査の2段階で行われます．第一段階審査の目的は，組織の状況及びその情報セキュリティ目的に照らして，当該ISMSを理解し，また当該審査に対する組織の準備状況を理解することにより，第二段階審査の計画に焦点を定めることにあります．第二段階審査の目的は，組織が自ら定めた方針，及び手順を順守していること，当該ISMSが組織の情報セキュリティ目的を実現しつつあることを確認することにあります．

審査日数や審査工数は，ISMSの適用範囲，受審組織の規模，事業所数，リスクの程度，プロセスの複雑さなどによって異なってきます．また，申請から登録までの期間は，審査日数のほか審査の不適合（マネジメントシステムが基準に適合していないか，システムが実行されていないこと）の状況によっても異なってきますが，規模があまり大きくなく，特に問題がない場合には3～4か月程度と思われます．認証登録の情報は，認証機関から認定機関に報告されますが，報告時期により公開は1か月程度ずれる場合があります（**図1**参照）．

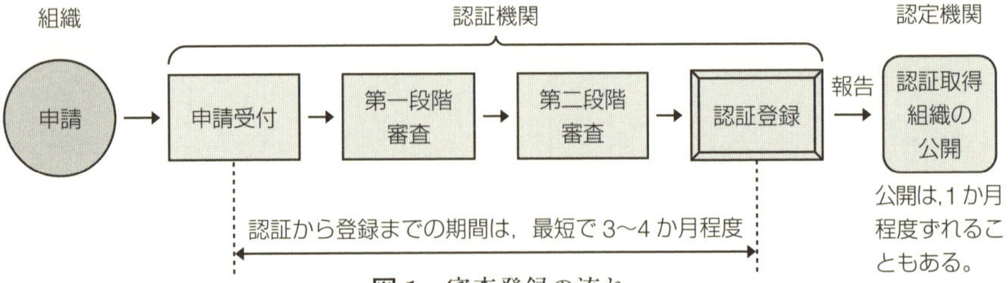

付録2

```
組織          認証機関                                              認定機関
申請  →  申請受付 → 第一段階審査 → 第二段階審査 → 認証登録  報告→  認証取得組織の公開
```

認証から登録までの期間は，最短で3～4か月程度

公開は，1か月程度ずれることもある．

図1　審査登録の流れ

　認証登録は，初回審査から3年間有効となります．認証登録されたら，通常1年を超えないサイクルでサーベイランス審査が実施されます．サーベイランス審査では，前回指摘事項等の是正，改善状況，基準への適合状況，維持状況によりマネジメントシステムの有効性を確認します．

　なお，3年目には認証登録を継続する場合の再認証審査が実施されます．再認証審査は，初回審査とほぼ同様の審査が行われますが，ISMSに大きな変更がない場合には，審査工数が削減される可能性もあります．

　審査の概要については，**表1**を参照してください．

表1　ISMS審査の概要

審査プロセス	審査の概要
初回審査	認証取得の希望を初回に申請した場合で，組織が構築及び運用しているISMSがJIS Q 27001（ISO/IEC 27001）の要求事項に適合しているか否かを審査します．審査結果が適合している場合には，認証登録されます．
サーベイランス審査	認証登録は，初回審査から3年間有効ですが，組織が引き続きISMSを有効に維持しているかどうかを，1年を超えないサイクルで確認するための審査です．
再認証審査	初回審査から3年目に，組織が引き続き認証登録を維持する場合の審査です．初回審査とほぼ同様の審査が実施されますが，ISMSに大きな変更がない場合には，審査工数が削減される可能性もあります．
差分審査	既に認証登録している組織が，新しい規格に変更する場合の審査です．審査は，従来の基準との差分を確認することで実施されます．

3. JIS Q 27001：2014（ISO/IEC 27001：2013）への移行計画

ISMSの国際規格ISO/IEC 27001：2013の発行に伴い，現在組織のISMS認証審査に適用されているISMS認証基準［JIS Q 27001：2006（ISO/IEC 27001：2005）］は，その改正版であるJIS Q 27001：2014（ISO/IEC 27001：2013）へ移行する計画となっています．なお，移行計画の出発点については，IAF（国際認定フォーラム）の取決めに従い，ISO/IEC 27001：2013が発行された時点となります．

JIS Q 27001：2006（ISO/IEC 27001：2005）は，ISO/IEC 27001：2013の発行から2年間を有効とし，その間にJIS Q 27001：2014（ISO/IEC 27001：2013）への移行を完了させます．JIS Q 27001：2014（ISO/IEC 27001：2013）への移行計画の内容は，次のとおりです．

（1）JIS Q 27001：2006により初回審査及びサーベイランス／再認証審査をする場合

JIS Q 27001：2006（ISO/IEC 27001：2005）による初回審査（新規の認証）は，ISO/IEC 27001：2013の規格発行後1年以内に登録を完了する必要があります．また，認証登録後は，サーベイランス審査を受けるとともに，JIS Q 27001：2014（ISO/IEC 27001：2013）への移行のための差分審査を受け，2015年10月1日までに，JIS Q 27001：2014（ISO/IEC 27001：2013）への移行を完了します．なお，JIS Q 27001：2006（ISO/IEC 27001：2005）によるサーベイランス／再認証審査についても，2015年10月1日までに完了します．

（2）JIS Q 27001：2014により初回登録をする場合

ISO/IEC 27001：2013発行後，認証機関は適用規格としてJIS Q 27001：2014（ISO/IEC 27001：2013）又はJIS Q 27001：2006（ISO/IEC 27001：2005）のいずれの規格を使用するかについて組織と合意し，適用規格として使用した規格を明記します．また，JIS Q 27001：2014（ISO/IEC 27001：2013）による初回審査の場合には，認証機関はJIS Q 27001：2014（ISO/IEC 27001：2013）に基づいて認証審査を実施します．

(3) JIS Q 27001:2006 から JIS Q 27001:2014 へ移行する場合

JIS Q 27001:2006（ISO/IEC 27001:2005）で認証登録されている組織に対しては，ISO/IEC 27001:2013 発行後のサーベイランス審査又は再認証審査において，JIS Q 27001:2014（ISO/IEC 27001:2013）への移行のための差分審査を実施します．

(4) 移行の留意点

JIS Q 27001:2006（ISO/IEC 27001:2005）で認証登録されている既存の組織については，JIS Q 27001:2014（ISO/IEC 27001:2013）規格中の変更内容に不適合を指摘することがあっても，当該不適合は移行期間の終了までは登録に対して不利益な影響を及ぼさないことが原則です．

認証機関が発行する認証文書（認証登録証）に記載されている規格名称は，当該審査計画で記載されていた ISO/IEC 27001 の版と整合させます．通常は既存の組織に対して JIS Q 27001:2014（ISO/IEC 27001:2013）を適用した結果に基づき，認証機関が認証文書を新しくすることであり，この認証文書（認証登録証）はそれまでの認証のサイクルを変更しないことが原則です．ただし，完全な内容の再認証審査を実施した場合はこの限りではありません．

(5) 移行の終了

移行の終了までに，すべての既存の認証文書は JIS Q 27001:2014（ISO/IEC 27001:2013）に適合して新しいものにします．ISO/IEC 27001:2013 の規格発行後 24 ヶ月経過時点で，JIS Q 27001:2006（ISO/IEC 27001:2005）に基づき認証を受け発行された既存の認証文書は有効でなくなります．

ISMS 認証制度の概要

規格改正	2013	2014	2015	2016
	ISO/IEC 27001:2005 →			
		ISO/IEC 27001:2013		
		ISO/IEC 27001:2013 対訳版		
	JIS Q 27001:2006 →	JIS Q 27001:2014		

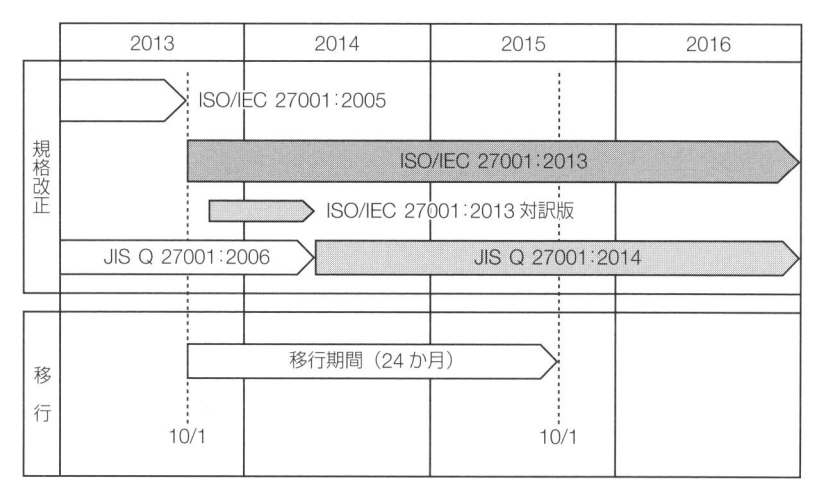

移行：移行期間（24か月）　10/1 ～ 10/1

図2　移行計画のイメージ

索　引

A - Z

ISMS　10
　——の有効性　11, 93
　——ファミリ規格　44
ISO 22301　122
ISO 31000　11, 14, 72
ISO Guide 73　14, 21
ISO/IEC 27000　21
ISO/IEC 27001　10
ISO/IEC 27002　105
ISO/IEC 27009　135
ISO/IEC 27011　134
JIS Q 19011　97
JIS Q 31000　51, 77, 79
JTC 1/SC 27　136
PDCA　92, 96, 103
SD3　46

あ行

アクセス制御　114
アプリケーションサービス　117
暗号　115
意思決定　34
引用規格　48
運用のセキュリティ　116
エンティティ　26
起こりやすさ　37

か行

外部委託する　56
外部状況　52
可用性　27
監査　40
監査員の独立性　97
監査の原則　97
監視　39
完全性　26
管理策　36, 105
　——の決定　80
管理目的　37, 105
機会　68
機密性　26
供給者関係　119
継続的改善　103
結果　37, 126
原因　126
国際会議　138
この規格の目的　49
コミットメント　59
コミュニケーション　88

さ行

残留リスク　36
事業継続マネジメント　121
資源　85
資産の管理　112
　——責任者　35
事象　32, 126
システム開発　118
システムの取得，開発及び保守　117
順守　122
冗長性　122
情報セキュリティ　9, 25
　——インシデント　28
　——インシデント管理　120

──事象　28
──の3要素　26
──のための組織　110
──のための方針群　108
──パフォーマンス　11, 93
──方針　61, 84, 87
──マネジメントシステム　10, 57
──目的　11, 16, 17, 83, 126
──リスクアセスメント　16, 69, 92, 124
──リスク対応　82, 93, 128
──リスク対応計画　16, 129
──リスクの特定　72, 124
──リスクの評価　76, 128
──リスクの分析　74, 126
人的資源のセキュリティ　110
スパムメール　134
セキュアプログラミング技術　118
セクター　131
是正処置　41, 102
測定　39
組織　9, 22, 63

た行

通信のセキュリティ　116
適用宣言書　82, 129
適用範囲　47, 55
トップマネジメント　23, 59, 60

な行

内部監査　96
内部状況　52
認識　87

は行

パフォーマンス　38
──評価　93
秘密認証情報　114
品質方針　62
附属書A　80, 105
附属書SL　11, 13, 21, 45, 57, 63, 67

物理的及び環境的セキュリティ　115
不適合　40, 102
プロセス　26
文書化した情報　25, 89, 90
方針　24, 60, 61

ま行

マネジメントシステム　9, 27, 57
──規格の共通化　11
マネジメントレビュー　99
目的　30

や行

有効性　38, 104
予防処置　68, 92

ら行

リーダーシップ　59
利害関係者　24, 54
力量　85
リスク　29, 65
──アセスメント　33
──アセスメントプロセス　72
──及び機会　67
──基準　32, 70
──源　31, 73, 126
──受容　34, 71
──所有者　16, 35, 74, 130
──対応　33, 79
──対応計画　82
──対応における管理策　11
──特定　72
──評価　76
──分析　75
──マネジメント　14
──レベル　35

ISO/IEC 27001:2013（JIS Q 27001:2014）
情報セキュリティマネジメントシステム要求事項の解説

　　　　　　　　　　　　　　　　定価：本体 2,500 円（税別）

2014 年 4 月 30 日　　第 1 版第 1 刷発行
2015 年 6 月 12 日　　　　　　　第 3 刷発行

編　　　著	中尾　康二	
発　行　者	揖斐　敏夫	
発　行　所	一般財団法人　日本規格協会	

　　　　　　　〒108-0073　東京都港区三田3丁目13-12　三田MTビル
　　　　　　　http://www.jsa.or.jp/
　　　　　　　振替　00160-2-195146

印　刷　所　株式会社平文社
製　　　作　株式会社大知

© Koji Nakao, et al., 2014　　　　　　　　　Printed in Japan
ISBN978-4-542-70175-5

● 当会発行図書，海外規格のお求めは，下記をご利用ください．
　営業サービスチーム：（03）4231-8550
　書店販売：（03）4231-8553　注文 FAX：（03）4231-8665
　JSA Web Store：http://www.webstore.jsa.or.jp/

図書のご案内

対訳 ISO/IEC 27001:2013
（JIS Q 27001:2014）
情報セキュリティマネジメントの国際規格
［ポケット版］

日本規格協会　編

新書判・216 ページ
定価：本体 3,900 円（税別）

【主要目次】

ISO/IEC 27001 : 2013
Information technology—Security techniques
—Information security management systems
—Requirements
　Foreword
　0　Introduction
　1　Scope
　2　Normative references
　3　Terms and definitions
　4　Context of the organization
　5　Leadership
　6　Planning
　7　Support
　8　Operation
　9　Performance evaluation
　10　Improvement
　Annex A(normative)
　　Reference control objectives and controls
　Bibliography

ISO/IEC 27000 : 2014
Information technology—Security Techniques
—Information security management systems
—Overview and vocabulary
　0　Introduction
　1　Scope
　2　Terms and definitions

JIS Q 27001:2014
情報技術—セキュリティ技術
—情報セキュリティマネジメントシステム
—要求事項
　まえがき
　0　序文
　1　適用範囲
　2　引用規格
　3　用語及び定義
　4　組織の状況
　5　リーダーシップ
　6　計画
　7　支援
　8　運用
　9　パフォーマンス評価
　10　改善
　附属書 A（規定）
　　管理目的及び管理策
　参考文献

JIS Q 27000:2014
情報技術—セキュリティ技術
—情報セキュリティマネジメントシステム
—概要及び用語（抜粋）
　0　序文
　1　適用範囲
　2　用語及び定義

日本規格協会　http://www.webstore.jsa.or.jp/

図書のご案内

ISO/IEC 27002:2013
（JIS Q 27002:2014）
情報セキュリティ管理策の実践のための規範 解説と活用ガイド

中尾康二　編著
北原幸彦・武田栄作・中野初美・
原田要之助・山下　真　著

A5判・356ページ
定価：本体 3,800 円（税別）

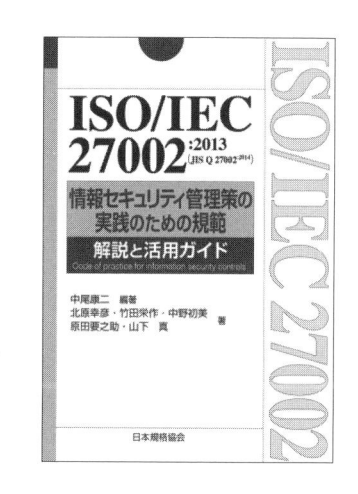

【主要目次】
第1章　ISO/IEC 27002 (JIS Q 27002)
　　　　の概要
　1.1　情報セキュリティとは
　1.2　ISO/IEC 27002 (JIS Q 27002)
　　　　の位置付け
　1.3　ISO/IEC 27002 (JIS Q 27002)
　　　　管理策の採否
　1.4　ISO/IEC 27002 (JIS Q 27002)
　　　　に関連する活動
　1.5　ISO/IEC 27002 (JIS Q 27002)
　　　　の改正の趣旨と主要な改正点
第2章　用　語
　2.1　用語及び定義
　2.2　定義されていない用語
第3章　ISO/IEC 27002 (JIS Q 27002)
　　　　の解説
　0　序文
　1　適用範囲
　2　引用規格
　3　用語及び定義
　4　規格の構成
　5　情報セキュリティのための方針群
　6　情報セキュリティのための組織
　7　人的資源のセキュリティ
　8　資産の管理
　9　アクセス制御
　10　暗　号
　11　物理的及び環境的セキュリティ
　12　運用のセキュリティ
　13　通信のセキュリティ
　14　システムの取得，開発及び保守
　15　供給者関係
　16　情報セキュリティインシデント管理
　17　事業継続マネジメントにおける情報
　　　セキュリティの側面
　18　順守

日本規格協会　http://www.webstore.jsa.or.jp/

図書のご案内

[2013年改正対応] やさしい ISO/IEC 27001（JIS Q 27001）情報セキュリティマネジメント 新装版

高取敏夫・中島博文　共著
A5判・144ページ
定価：本体1,500円（税別）

【主要目次】

第1章　ISO/IEC 27001を知るための20のQ&A
- Q1　ISO/IEC 27001は，何について規定している規格のことですか
- Q2　ISO/IEC 27001の認証を取得するとは，どんな意味ですか
- Q3　ISO/IEC 27001でいう"情報セキュリティ"とは，どのようなものでしょうか
- Q4　情報セキュリティは，情報であれば何でも対象になりますか．例えば，個人情報も対象になると思ってよいのですか
- Q5　情報セキュリティに関して，あえて規格を定めた理由はなんですか
- Q6　ISO/IEC 27001の要求事項では，誰が何をすることを求めているのですか
- Q7　ISO/IEC 27001の制定の経緯を教えてください
- Q8　ISO/IEC 27001とISO/IEC 27000"用語及び定義"との関係を教えてください
- Q9　ISO/IEC 27001とISO/IEC 27002"情報セキュリティ管理策の実践のための規範"との違いは何ですか
- Q10　情報セキュリティについて書かれたJISは，JIS Q 27001のほかにありますか
- Q11　ISO/IEC 27001は，法規制との関係はありますか
- Q12　ISMS適合性評価制度とは，何ですか
- Q13　現在使われているISMS認証基準とは，どのようなものですか
- Q14　ISMSの認証を取得したい場合には，どのような手続きをすればよいのですか
- Q15　ISO/IEC 27001の活用によるメリットを教えてください
- Q16　ISO/IEC 27001を導入すれば，企業にとっての情報セキュリティ管理は万全と言えるのでしょうか
- Q17　ISO/IEC 27001や他の情報セキュリティ規格などの今後の動向を教えてください
- Q18　ISO/IEC 27001:2005とISO/IEC 27001:2013との違いは何ですか
- Q19　ISO/IEC 27001:2013における情報セキュリティリスクアセスメントについて教えてください
- Q20　ISO/IEC 27001:2013とマネジメントシステム規格(MSS)共通要素との関係を教えてください

第2章　ISO/IEC 27001って何だろう
- 2.1　ISO/IEC 27001の誕生
- 2.2　ISO/IEC 27001の制定の経緯
- 2.3　ISO/IEC 27001の構成
- 2.4　ISO/IEC 27001要求事項の概要
- 2.5　情報セキュリティに関する規格の国際的な動き

第3章　ISO/IEC 27001と認証制度のかかわり
- 3.1　ISMS適合性評価制度とは何か
- 3.2　審査登録制度の概要
- 3.3　ISMS制度とISO/IEC 27001

第4章　ISO/IEC 27001（JIS Q 27001）ってどんな規格だろう
- 4.1　ISO/IEC 27001を理解するための予備知識
- 4.2　ISO/IEC 27001:2013（JIS Q 27001:2014）の構成
- 4.3　組織の状況
- 4.4　ISMSの計画
- 4.5　運用
- 4.6　パフォーマンス評価
- 4.7　改善
- 4.8　リーダーシップ
- 4.9　支援
- 4.10　附属書A（規定）管理目的及び管理策

第5章　企業や団体はどう対応したらよいのか
- 5.1　ISO/IEC 27001を導入する前に
- 5.2　適切な導入のために
- 5.3　審査は変わる

付録　JIS Q 27001要求事項の新旧対応表

日本規格協会　http://www.webstore.jsa.or.jp/